Probleme der Juristenausbildung

Schriftenreihe der Hochschule Speyer

Band 79

Probleme der Juristenausbildung

Vorträge
des 11. Sonderseminars 1978
der Hochschule für Verwaltungswissenschaften Speyer

herausgegeben von

Prof. Dr. Dr. Detlef Merten

DUNCKER & HUMBLOT / BERLIN

Gedruckt 1980 bei Buchdruckerei A. Sayffaerth - E. L. Krohn, Berlin 61
Printed in Germany

ISBN 3 428 04706 0

Inhalt

Vorwort

Rechtszersplitterung, Notenwirrwarr und Leistungsabfall haben die deutsche Juristenausbildung ins Gerede gebracht. Die Folgen einer überschießenden Augenblicksgesetzgebung sind heute nahezu in allen Bundesländern spürbar. Nachdem frühere Reformgläubigkeit vielfach nüchternerer Betrachtung gewichen ist, mehren sich die Stimmen der Kritik, die immer dringender eine „Reform der Reformen“ verlangen. Bestandsaufnahme und Lagebeurteilung, Ursachenforschung und Mängelrüge waren die Ziele des 11. Sonderseminars der Hochschule für Verwaltungswissenschaften Speyer unter dem Thema „Probleme der Juristenausbildung“. Zu dieser Tagung, die vom 25. bis 27. September 1978 stattfand, kamen über fünfzig Teilnehmer an die Hochschule. Die Referate der Veranstaltung werden im folgenden abgedruckt. Das 11. Sonderseminar setzt die Reihe der Tagungen der Hochschule fort, die sich mit Fragen der Juristenausbildung beschäftigen. 1962 waren „Probleme der juristischen Ausbildung in der Verwaltung“ und 1964 „Die Verwaltungsausbildung für Juristen“ Gegenstand verwaltungswissenschaftlicher Arbeitstagungen. Deren Ergebnisse wurden in Band 17 und Band 25 der Schriftenreihe der Hochschule veröffentlicht.

Detlef Merten

Begrüßungsansprache des Rektors
Professor Dr. Dr. Detlef Merten

Als Rektor der Hochschule für Verwaltungswissenschaften Speyer und zugleich als wissenschaftlicher Leiter dieser Tagung darf ich alle Referenten und Teilnehmer des 11. Sonderseminars sehr herzlich begrüßen. Unser vorzüglicher Gruß gilt dem Kultusminister des Landes Rheinland-Pfalz, Frau Staatsminister Dr. *Laurien*, die sich liebenswürdigerweise bereit erklärt hat, die Veranstaltung zu eröffnen.

Die siebziger Jahre werden möglicherweise als „Reformjahrzehnt" in die Geschichte eingehen, wobei diese Charakterisierung sicherlich nicht eines distanzierten und kritischen Untertons entbehren wird. Die Juristenausbildung ist in diesen Jahren endgültig auf die „Verlustliste der Rechtseinheit" geraten. Das Ausbildungsrecht ist verwirrend geworden und erschließt sich kaum noch dem Fachmann. Die Hochschule für Verwaltungswissenschaften, die wohl als einzige Institution ständig mit der Ausbildung von Referendaren aus allen Bundesländern betraut ist, leidet unter den Kalamitäten besonders und ist daher wohl auch berechtigt, sie zu werten.

„Probleme der Juristenausbildung" werden in Speyer nicht zum ersten Male zum Gegenstand einer wissenschaftlichen Erörterung gemacht. Bereits im Herbst 1962 hatte sich eine Verwaltungswissenschaftliche Arbeitstagung mit den „Problemen der juristischen Ausbildung in der Verwaltung" beschäftigt, und zwei Jahre später ging es erneut um „Die Verwaltungsausbildung der Juristen". Die Vorträge und Diskussionsbeiträge sind jeweils in der Schriftenreihe unserer Hochschule veröffentlicht worden. Das Thema des jetzigen Sonderseminars ist bewußt weiter gefaßt. Im Hinblick auf das Leitbild des „Einheitsjuristen", an dem wir festhalten sollten, dürfen die Interessen der Justiz bei der Juristenausbildung nicht außer Betracht bleiben. Es soll nicht die Verwaltungsausbildung zu Lasten der Justizausbildung verstärkt werden. Vielmehr müssen sowohl die Belange der Justiz als auch diejenigen der Verwaltung bei einer einheitlichen Juristenausbildung angemessen und zufriedenstellend berücksichtigt werden. Daß hierfür die radikal verkürzte Dauer des Vorbereitungsdienstes nicht ausreicht, wird Sachkennern immer klarer. Naiver Fortschrittsglaube kann solides Lernen nicht ersetzen. Hierfür werden auch künftige

Juristengenerationen einen bestimmten und sicherlich längeren als dreijährigen Zeitraum benötigen, zumal die Problemfülle nicht geringer und der Rechtsstoff trotz aller Lippenbekenntnisse nicht transparenter wird, wie die Regelungen über den Versorgungsausgleich als Beispiel für die Unfähigkeit der Zeit für Gesetzgebung beweisen. Die Verkürzung des Vorbereitungsdienstes läßt sich auch nicht mit einer möglichen Spezialisierung des Juristen rechtfertigen. Solange die Große Juristische Staatsprüfung die Befähigung zum Richteramt und zum höheren Verwaltungsdienst verleiht, darf der angehende Volljurist nicht Schmalspur-Jurist sein, sondern muß über ein breites und fundamentales Wissen verfügen, was exemplarisches Lernen nicht ausschließt.

Mit der Forderung nach Verlängerung des Vorbereitungsdienstes wurde eines der beiden Hauptthemen dieser Tagung angesprochen. Das andere ist die Zweistufigkeit der Ausbildung, die sich nach allem bewährt hat, gegebenenfalls aber modifiziert und verbessert werden kann. Um in dieser Frage, die vielfach schon zur Glaubensfrage geworden ist, nicht monoman zu werden, soll das Problem, das sich nicht auf die Juristenausbildung beschränkt, einmal aus anderer Sicht behandelt werden.

Neben diesen beiden Akzenten sollen Einzelfragen des Ausbildungsrechts nicht zu kurz kommen. Ihnen ist insbesondere der zweite Teil der Tagung gewidmet. Die Referenten und Teilnehmer, die aus allen Bundesländern und auch aus dem deutschsprachigen Ausland nach Speyer gekommen sind, lassen anregende Vorträge sowie fruchtbare und ergebnisreiche Diskussionen erwarten. In diesem Sinne wünsche ich der Tagung einen guten Verlauf.

Eröffnungsansprache des Kultusministers des Landes Rheinland-Pfalz Frau Dr. Hanna-Renate Laurien

Obwohl es riskant ist, als Nichtjurist ein Plädoyer für eine bestimmte Form der Juristenausbildung zu halten, habe ich das Referat gerne übernommen, weil ich glaube, daß die Diskussion um die Ein- oder Zweistufigkeit der Ausbildung nicht nur die Juristen angeht, sondern ein Problem der akademischen Ausbildung insgesamt ist.

Die Frage nach der geeigneten Form der akademischen Ausbildung muß heute mehr als je zuvor den gesellschaftlichen Bedarf an Akademikern berücksichtigen. Vor diesem Hintergrund muß die akademische Ausbildung vor allem auch die Anforderungen der Berufspraxis berücksichtigen. Die Examensnote darf nicht nur einen Aussagewert für die im Rahmen der Seminare und Übungen erbrachten wissenschaftlichen Leistungen besitzen, ihr muß darüber hinaus eine Prognosekraft für die künftige Berufsbewährung zukommen. Für den Bereich der Lehrerausbildung leitet sich daraus die Forderung ab, den Studenten auf seine beruflichen Aufgaben der Wahrnehmung einer Sozialisations- und Selektionsfunktion zu befähigen. Neben dem pädagogischen Ziel, das Kind entsprechend seinen individuellen Fähigkeiten zu fördern, kommt vor allem dem Ausleseprinzip als einem zentralen Element unseres demokratischen Staatsverständnisses eine große Bedeutung zu. Die Negierung des Leistungsprinzips würde demgegenüber die Verteilung von Lebenschancen vererblich oder parteilich werden lassen.

Fragen wir uns nun, wie der akademische Nachwuchs am besten auf die beruflichen Anforderungen vorbereitet werden kann, so erscheint mir eine einstufige Ausbildung hierzu nicht geeignet. Es gibt einige Erkenntnisse der einstufigen Ausbildung, die auch für die zweistufige Ausbildung nutzbar gemacht werden können. Die Bewältigung der Anforderungen des Berufsalltags des Akademikers und insbesondere auch des Juristen fordert eine wissenschaftliche Grundschulung frei von Praxisbezügen. Die zwischen der Wissenschaft und dem Berufsleben bestehende Polarität darf nicht überspielt werden durch eine zu frühe Verquickung von abstrakter Problembehandlung und konkreter Einzelentscheidung. Um der Gefahr einer Simplifizierung bzw. eines Verzichts auf wissenschaftliche Vertiefung zu begegnen, ist die „Anstrengung des Begriffs“ ohne unmittelbaren Praxisbezug erforderlich.

Die deutliche Trennung von universitäts- und praxisbezogener Ausbildung ermöglicht vor allem auch den Professoren, sich ihrer ureigensten Aufgabe in der Forschung intensiver zu widmen. Regellehrverpflichtungen bedeuten jedenfalls eine teilweise Preisgabe von Forschungsbereichen. Die Überbetonung der Regellehrverpflichtung birgt darüber hinaus das Risiko der Entwicklung eines für den Wissenschaftsbetrieb gefährlichen „Stechuhrdenkens“.

Die zweistufige Ausbildung zwingt den Studenten vor allem auch nicht zu einer zu frühen Verengung seiner Berufsperspektiven. Dies bewirkt nicht nur eine größere Flexibilität auf dem Arbeitsmarkt, die Schwerpunktbildung in der zweiten Phase der Ausbildung kann auf dem Fundament der wissenschaftlichen Grundlegung auch sehr viel profilierter erfolgen. Im praxisbezogenen Teil der akademischen Ausbildung ist dabei den Schlüsselberufen, die für die übrige berufliche Bildung bereits einen erheblichen Stellenwert erlangt haben, eine größere Bedeutung beizumessen.

Ein wichtiger Gesichtspunkt, an der Zweistufigkeit der Ausbildung festzuhalten, ist daneben die flächendeckende Wirkung einer über das ganze Land verteilten Referendarausbildung. Das Lernen des Umgangs mit Menschen, eines der wesentlichen Ziele der akademischen Ausbildung, läßt sich nur unzureichend verwirklichen, wenn die Studenten im Rahmen der notwendigerweise an Hochschulorten konzentrierten einstufigen Ausbildung „unter sich bleiben“ und nach dem Examen diesen Lebenskreis nicht verlassen wollen.

Auch die befriedigende Handhabung des „Extremistenbeschlusses“ ist im Rahmen einer zweistufigen Ausbildung eher möglich als in der einstufigen Ausbildung. Die Entscheidung über die Aufnahme eines Bewerbers für den öffentlichen Dienst muß nicht sofort und endgültig fallen, vielmehr kann sie vor der Aufnahme in den Vorbereitungsdienst, in einigen Grenzfällen im Anschluß an den Vorbereitungsdienst aufgrund der Beobachtung getroffen werden.

Lassen Sie mich zum Schluß auf ein Problem hinweisen, das sich für Lehrer und Juristen in gleicher Weise stellt. Durch die Verkürzung des Vorbereitungsdienstes treten die Hochschulabsolventen früher in das Arbeitsleben. Da sie in den 18 Monaten bzw. 2 Jahren Referendarzeit nicht voll auf die beruflichen Anforderungen vorbereitet werden können, werden sie vom Berufsalltag oftmals überfordert, eine Erfahrung, die mir Schulleiter immer wieder bestätigen. Ich möchte Sie daher auffordern, mit mir dafür einzutreten, daß wir, sofern eine Verlängerung diskutiert wird, sie einbringen für eine Verlängerung der praxisbezogenen Ausbildung sowohl der Lehrer als auch der Juristen. Damit kann einerseits die individuelle Qualifikation der Studenten verbessert werden, vor allem aber können für den Dienst am Bürger geeignete Akademiker in den Berufsalltag entlassen werden.

Der Jurist: Enzyklopädist oder Spezialist?

Von Theo Mayer-Maly

Beginnen wir mit einer knappen *Bestandsaufnahme*, die allerdings nicht nur auf die Ausbildung, sondern auch auf das Rechtsleben selbst zu sehen hat. In der Ausbildung kann juristische Spezialisierung zu unterschiedlichem Zeitpunkt und mit unterschiedlicher Intensität erfolgen. Exemplarisch für eine schon in einem frühen Stadium der akademischen Unterweisung erfolgende Trennung der Ausbildung verschiedener Gruppen von Juristen ist der französische Rechtsunterricht. In Österreich dagegen erfolgt — und das nach dem bisherigen wie nach dem künftigen Recht — die vierjährige universitäre Ausbildung des Juristen einheitlich, doch schließt sich an diese nicht *eine* zu einer Art Assessorprüfung und damit zur Anerkennung als „Volljurist" führende praktische Ausbildung an; es stehen vielmehr besondere Prüfungen und zu diesen führende Ausbildungsgänge für Rechtsanwälte, Richter und Verwaltungsbeamte unverbunden nebeneinander. Dem gegenüber war die deutsche Juristenausbildung bisher stärker und länger bestrebt, jeden Juristen mit den Hauptproblemen der gesamten Rechtsordnung bekannt zu machen, einen — um das häßliche Wort zu gebrauchen — „Einheitsjuristen" zu erziehen. Dies hatte übrigens — von allen grundsätzlichen Aspekten zunächst einmal abgesehen — beträchtliche Vorteile für die Mobilität am Juristen-Arbeitsmarkt[1], die nur dem voll bewußt werden, der es aus seiner Heimat anders kennt. So ist die Wiedereingliederung nicht zur Habilitation gelangter Universitätsassistenten in das gewöhnliche Juristenleben in Österreich viel schwieriger als in der Bundesrepublik, es kommt aber auch beim Wechsel zwischen den praktischen Sparten zu erheblich größeren Rückschlägen. Der Druck zur Spezialisierung des jungen Juristen kann, was bisher wohl zu wenig gesehen wurde, recht unsoziale Konsequenzen haben.

Mit dem Reformstreben, das in die Vertiefungsstufe von Einphasenmodellen eine Spezialisierung des jungen Juristen hineintragen will, verbindet sich die Erwartung, daß der so vorbereitete Jurist den ihm bevorstehenden Aufgaben besser gewachsen wäre, als der herkömm-

[1] Dazu richtig *Oehler*, Verhandl. d. 48. Dt. Juristentages (1970) Bd. 1, E 131; einschränkend aber F. *Kübler*, Juristenausbildung im Zielkonflikt (1971) 18; vgl. ferner *Lenk*, ZRP 1975, 234, 237 f.

liche „Einheitsjurist“. Unter diesem Aspekt ist es nun angezeigt, den Blick auf das Ausmaß der *Spezialisierung in der Rechtspraxis* und auf die damit verbundenen Probleme zu werfen. Vergleicht man auch dazu die Lage in der Bundesrepublik mit der in Österreich, so ergibt sich ein anderes Bild als bei der Ausbildung: die Ressortierung der Rechtspflege ist in der Bundesrepublik mit einer selbständigen Arbeitsgerichtsbarkeit, einer Sozialgerichtsbarkeit, einer selbständigen Verwaltungsgerichtsbarkeit und einer selbständigen Finanzgerichtsbarkeit erheblich weiter vorangetrieben als in Österreich, das keine durchgehende Laufbahn eines Richters in der Arbeitsgerichtsbarkeit oder der Sozialgerichtsbarkeit kennt. In der Rechtsanwaltschaft findet man in Österreich weniger Spezialisten als in der Bundesrepublik.

An den Rechtsfakultäten dagegen ist es umgekehrt: Für Österreich sind enge Venien und Lehrstuhlbezeichnungen kennzeichnend, es gibt mehrere Ordinarien nur für Arbeits- und Sozialrecht, viele Prozessualisten, die kein materielles Privatrecht lehren (weshalb die publizistische Theorie des Zivilprozesses Alleinherrschaft hat); in der Bundesrepublik dagegen überwiegen noch immer großzügige Venien und Lehrstuhlabgrenzungen.

Die entscheidende Frage geht dahin, ob von einer Verstärkung der Spezialisierung sowohl in der Ausbildung wie in der späteren Juristenlaufbahn eine Verbesserung der Qualität der Rechtspflege, genauer der Legistik, der Streitentscheidung, der Verwaltungstätigkeit und der Rechtsberatung zu gewärtigen ist. Dazu möchte ich nun auf einige Sachprobleme aus verschiedenen Rechtsgebieten hinweisen.

Die Ursächlichkeit von Abläufen in der Außenwelt hat für das Recht in mehrfacher Hinsicht Bedeutung. Auch dann, wenn man die Grundanschauung von *Hans Kelsen*[2] teilt, daß in der Rechtswelt nicht Kausalität, sondern Zurechnung maßgeblich ist, kommt man kaum ohne eine Indienstnahme von Kausalvorstellungen aus. Dem Unternehmen, alle juristischen *Kausalitätstheorien* als Zurechnungslehren zu entlarven, sind Grenzen gesetzt: es resultiert nun einmal die Bedeutung von juristischen Aussagen über die Ursächlichkeit eines Geschehens, die diese Aussagen neben dem Rechtswidrigkeitskalkül und dem Schuldvorwurf haben, aus der Suggestivkraft der Anleihe bei den Seinsaussagen *jener* Disziplinen, die dem Einblick in Kausalverläufe näher stehen. Diese Anleihe des Juristen bei einer naturwissenschaftlichen Betrachtungsweise wird aber für die verschiedenen Disziplinen des Rechts zu unterschiedlichen Konditionen aufgelegt. Für das Strafrecht soll grundsätzlich jede Bedingung eines Erfolgs als gleichwertig gelten, soll die Lehre von der conditio sine qua non maßgeblich sein. Die

---

[2] Reine Rechtslehre, 2. Aufl. (1960) 79 ff.

Zivilisten dagegen orientieren sich bei der Festlegung der Voraussetzungen einer schadenersatzrechtlichen Haftung an Adäquanzformeln; Versuchen, sich von diesen zu emanzipieren[3], ist bisher kein bleibender Erfolg beschieden gewesen.

Den Unterschied im Umgang mit der Kausalität erklärt man recht plausibel: werde, wie im Strafrecht, stets Verschulden und oft sogar Vorsatz für den Eintritt einer Rechtsfolge vorausgesetzt, so könne mehr als ursächlich gelten als im Zivilrecht, in dem grundsätzlich jede Fahrlässigkeit zur Haftung führt und es an Haftung ohne Verschulden nicht fehlt.

In der sozialen Unfallversicherung aber hat sich eine weitere juristische Kausalitätstheorie etabliert: die Lehre von der wesentlichen Bedingung[4]. Nach ihr soll nur *die* Bedingung als ursächlich angesehen werden, die im Verhältnis zu anderen Bedingungen wegen ihrer besonderen inneren Beziehung zum Erfolg an dessen Eintritt wesentlich mitgewirkt hat. Von der Adäquanztheorie des Zivilrechts unterscheidet sich die Lehre von der wesentlichen Bedingung dadurch, daß sie nicht abstrahiert und generalisiert, sondern individualisiert und konkretisiert. Wird in einem Betrieb eine neue Maschine aufgestellt und probiert ein Arbeiter aus, was diese alles kann, so ist ein dabei eintretender Unfallschaden zwar adäquat kausal, auf dem Boden der Lehre von der wesentlichen Bedingung jedoch wird eine sozialversicherungsrechtlich relevante Ursächlichkeit verneint.

Zutreffend hat Gitter[5] die sozialrechtliche Lehre von der wesentlichen Bedingung als Risikoabgrenzung durch die Rechtsprechung gedeutet. Seine Analyse zeigt sehr gut, wie falsch es wäre, für Spezialbereiche entwickelte Differenzierungen pauschal zu verwerfen. Häufig entsprechen solche Differenzierungen in Wahrheit einer sachlichen Verschiedenheit der Problemstellung. So mag es auch bei den unterschiedlichen Wirkungen der Irrtumsanfechtung bei Dauerschuldverhältnissen, insbesondere Arbeitsverhältnissen, einerseits und bei gewöhnlichen Austauschverhältnissen andererseits sein. Liegt jedoch einem Rechtsgedanken wie der Annahme einer bestimmten, juristisch relevanten Kausalität eine naturalistische Analogie zu Grunde, so bleibt es dennoch unbefriedigend, wenn im Strafrecht, im allgemeinen Zivilrecht und im Sozialrecht je Verschiedenes als ursächlich gelten soll.

Sachlich verständlich ist auch eine andere, nichtsdestoweniger problematische Diskrepanz zwischen juristischen Disziplinen. Sie verbin-

---

[3] Hans *Stoll*, Kausalzusammenhang und Normzweck im Deliktsrecht, 1968.

[4] Zu ihr besonders *Gitter*, Schadensausgleich im Arbeitsunfallrecht (1969) 105 ff. und *Tomandl*, System des österreichischen Sozialversicherungsrechts (1978) 280 ff.

[5] a.a.O. (Fn. 4) 124.

det sich mit dem Schlagwort „*wirtschaftliche Betrachtungsweise*". Nach dieser sollen zivilistische Kategorien für die öffentlichrechtliche, insbesondere steuerrechtliche Qualifikation von Rechtsgeschäften nicht ohne weiteres maßgeblich sein. Ich darf in diesem Zusammenhang auf die interessante Monographie von Maaßen über „Privatrechtsbegriffe in den Tatbeständen des Steuerrechts" (1977) verweisen. Durch wirtschaftliche Betrachtungsweise kann es zum Beispiel dazu kommen, daß ein Geschäft, das für den Zivilisten Tausch oder Verpachtung ist, für den Steuerrechtler einen Kauf darstellt. Dies mag in legitimer Weise dazu helfen, dem Versuch, einen Steuertatbestand zu umgehen, entgegenzuwirken. Dennoch bleibt ein Stück von Unbehagen. Dem Laien begreiflich zu machen, weshalb ein Rechtsgeschäft für Zivilrichter und Notar ein Tausch, für das Finanzamt aber ein Kauf ist, muß jedem, der es mit dem Recht noch ernst meint, schwerfallen. Es hat aber die wirtschaftliche Betrachtungsweise wie jeder andere Ansatz zur Emanzipation von einem unbequem gewordenen System auch außerhalb ihres genuinen Bereichs schon Zulauf gefunden. Die in der Tat unbefriedigend enge Abgrenzung der Vorkaufsfälle durch § 504 BGB hat Schurig, den Verfasser einer guten Monographie zum Vorkaufsrecht, zum Vorschlag bewogen, auch eine wirtschaftliche Betrachtungsweise des Vorkaufsfalles zu empfehlen[6].

Tausch und gemischte Schenkung sollen nach Schurig als Vorkaufsfall gelten, wenn der unmittelbare Zweck dieser Geschäfte bei Ausführung mit dem Vorkaufsberechtigten genauso wie bei der Ausführung mit einem Dritten verwirklicht wird. Der Einfluß der öffentlichrechtlichen Emanzipation von den zivilistischen Kategorien ist in dieser an sich plausiblen Lehre handfest. Für die Abgrenzung der gesetzlichen Vorkaufsrechte von Gemeinden hat diese wirtschaftliche Betrachtungsweise bereits Anerkennung gefunden, offenbar inspiriert durch die grundsätzliche Haltung der Öffentlichrechtler gegenüber dem Privatrecht. Das Ergebnis ist nicht zu beklagen. Notiert werden muß jedoch, daß durch solche Emanzipation von dogmatischen Kategorien allzu leicht das Bemühen abgeschnitten wird, auf dem Boden des Zivilrechts selbst (und es muß nicht dieses sein, das zu kurz kommt) eine saubere dogmatische Begründung zu entwickeln. Zur Abgrenzung der Vorkaufsfälle ist eine solche Bydlinski[7] gelungen, der über die Frage nach dem Zweck der gesetzlichen Unterscheidung zwischen dem Kauf und anderen Veräußerungsarten auch ohne wirtschaftliche Betrachtungsweise zu einer Korrektur der bisherigen Abgrenzung der Vorkaufsfälle gelangt ist.

---

[6] *Schurig*, Das Vorkaufsrecht im Privatrecht (1975) 130; vgl. *Staudinger / Mayer-Maly*[12] § 504, Rz. 15.

[7] In *Klangs* Kommentar zum ABGB[2] IV/2, 872 ff.

Die Gefahren, die sich mit einer Entfremdung der Teilgebiete der Rechtsordnung verbinden, sind gerade beim Vorkaufsrecht noch in einer weiteren Weise deutlich geworden. Durch Jahrzehnte war der rechtliche Charakter des Aktes, mit dem ein gesetzliches Vorkaufsrecht, namentlich ein solches nach dem Bundesbaugesetz, ausgeübt wurde, umstritten[8]. Die praktische Bedeutung des Theorienstreits lag in der Wahl der Instrumente zur Bekämpfung einer ungerechtfertigt scheinenden Ausübung eines gesetzlichen Vorkaufsrechts. In einer sich zunehmend festigenden Rechtsprechung haben die Zivilgerichte den Akt, mit dem ein gesetzliches Vorkaufsrecht ausgeübt wird, als rechtsgeschäftliche Willenserklärung des Privatrechts qualifiziert[9]. Auch das *Bundesverwaltungsgericht* hat in einer wichtigen Entscheidung[10] diese Position eingenommen. Die Opposition, die einen öffentlichrechtlichen Charakter der Ausübung des gesetzlichen Vorkaufsrechts eines Verwaltungsträgers behauptete, konnte jedoch nie völlig aus dem Feld geschlagen werden.

Die 1976 erfolgte Änderung des Bundesbaugesetzes[11] vermeinte anscheinend, mit einem Federstrich des Gesetzgebers zwar nicht Bibliotheken, aber doch recht viele Seiten zur Makulatur machen zu können. Es wurde gesagt, daß das Vorkaufsrecht durch Verwaltungsakt auszuüben sei. Die Anforderungen an das Verhalten der ein Vorkaufsrecht ausübenden Gemeinde wurden damit gewiß in einer eindeutigen Weise präzisiert. Ob damit aber auch Klarheit über die rechtliche Struktur der Vorkaufserklärung einer Gemeinde, über die Möglichkeiten ihrer Anfechtung, ihrer Auslegung, ihrer Umdeutung geschaffen wurde, erscheint mir mehr als zweifelhaft.

Die insbesondere von Schack[12] aufgestellte Behauptung, es liege ein Akt mit Doppelnatur vor, ist nach der nunmehrigen Rechtslage wohl weiterhin vertretbar, darüber hinaus in den praktischen Ergebnissen überzeugender als eine andere Deutung. Wichtig ist hier jedoch eine andere Diagnose: Sowohl die vor der Novelle liegende Diskussion wie die Art der 1976 geschaffenen Neuregelung resultieren aus Defekten der Begegnung zwischen privatem und öffentlichem Recht.

Einen besonders spannungsgeladenen Schwerpunkt der Problematik juristischer Spezialisierung bildet das *Verhältnis des Arbeitsrechts zum allgemeinen Zivilrecht.* Doktrinell ist strittig, ob von einer Eigenständigkeit des Arbeitsrechts oder von seiner Zugehörigkeit zur allgemeinen Privatrechtsordnung ausgegangen werden soll. In der Bundesrepu-

---

[8] Vgl. die Nachweise bei *Staudinger / Mayer-Maly*[12] § 505, Rz. 5.

[9] *BGHZ 36*, 155, 157 f.; *BGHZ 60*, 275, 279 f.

[10] NJW 1959, 64.

[11] BGBl. 1976 I S. 2221.

[12] DVBl. 1961, 229.

blik sind die gegensätzlichen Auffassungen zuletzt bei der Tagung der Zivilrechtslehrervereinigung in Lindau 1975 artikuliert worden[13]. Die grundsätzliche Eigenständigkeit des Arbeitsrechts, die die Herausarbeitung eigener Begriffe verlange, wurde von Gamillscheg[14] bejaht. Zöllner[15] hat sich gegen eine Separierung des Individualarbeitsrechts gewandt. Beide Protagonisten differenzierten jedoch ihre Positionen. Gamillscheg leugnete nicht, daß das Arbeitsrecht Zivilrecht sei, Zöllner bestritt es, die Augen vor den besonderen Zügen des Arbeitsrechts zu verschließen. Ungeachtet der bestehenden Differenz kann man beide als zivilistische Arbeitsrechtler einstufen. Es fehlt aber im arbeitsrechtlichen Schrifttum nicht an Autoren — und es sind die schlechtesten nicht —, die in der Tat keine engere Beziehung zum Zivilrecht herstellen. Insbesondere in Österreich verbindet eine Gruppe von Forschern das Arbeitsrecht nur mit dem Sozialrecht.

Mit der Verselbständigung des Arbeitsrechts verbinden sich aber wichtigere als wissenschaftliche, an der Abgrenzung der Disziplinen orientierte Konsequenzen. Mit ihr hängt zum einen die Frage nach der zweckmäßigen Organisation des Rechtsschutzes in Arbeitsstreitigkeiten zusammen. Zum andern aber stellt sich auch die Frage nach der subsidiären Geltung der allgemeinen Privatrechtskodifikation.

Nach § 128 des Entwurfs der deutschen Arbeitsgesetzbuchkommission sollen die §§ 611 - 630 BGB in Zukunft für Arbeitsverhältnisse gar nicht mehr, die übrigen Bestimmungen nur insoweit gelten, als sich nicht aus dem Arbeitsgesetzbuch oder aus der Eigenart des Arbeitsverhältnisses etwas anderes ergibt. Darin steckt nicht mehr und nicht weniger als eine materielle und deshalb im Detail ungewisse Teilderogation des gesamten BGB[16]. Folgerichtig enthält der Arbeitsgesetzbuchentwurf einerseits Wiederholungen von allgemein zivilrechtlichen Grundsätzen, andererseits Modifikationen von solchen. Gerade diese Modifikationen zeigen, soweit sie etwa die Regelung der Teilnichtigkeit betreffen oder eine Unklarheitenregel aufstellen, daß Sonderrechtsgebiete dazu tendieren, problematisch gewordene Grundsatzentscheidungen eines größeren Rechtsgebietes zu revidieren. Was für die größere Ordnung problematisch ist, wird im kleinen Bereich anders gemacht. Dabei aber führt die Entwicklung von Spezialgebieten und deren selbstbewußte Emanzipation von der allgemeinen Ordnung dazu, daß die durchaus diskutable Übernahme der Korrektur in die allgemeine Ordnung hintangehalten wird.

---

[13] AcP 176, 197 ff.

[14] AcP 176, 197, 220.

[15] AcP 176, 221, 223.

[16] Vgl. *Söllner*, Gedächtnisschrift Rödig (1978) 91, 94 ff.; *Mayer-Maly*, NJW 1978, 1566, 1569.

Es fehlt aber auch nicht an Fällen, in denen sich die Emanzipation von der allgemeinen Ordnung als schlichter Irrweg herausstellt. Dies ist etwa bei mehreren Abweichungen der arbeitsgerichtlichen Rechtsprechung vom Deliktsrecht des BGB der Fall. So ist man mit der Rede von einer besonders geringen Fahrlässigkeit zu einer Abstufung der culpa zurückgekehrt, die die Väter des BGB bewußt und wohl auch mit Grund verworfen haben. Der Große Senat des *Bundesarbeitsgerichts* hat sich in einer für die Haftungsbeschränkung der Arbeitnehmer grundlegenden Entscheidung (*BAGE* 5, 1, 16) entschlossen, „die herkömmlichen Begriffe von leichter und grober Fahrlässigkeit" zu vermeiden und den „unverbrauchten und den Rechtsgenossen verständlichen, subjektiv getönten Ausdruck der ‚nicht schweren Schuld' zu wählen". Zunächst wollte man dann zwischen grobem Verschulden und grober Fahrlässigkeit unterscheiden[17]. Später wurde sogar einmal die „nicht schwere Schuld" der groben Fahrlässigkeit gleichgesetzt[18]. Das Gegenteil aber war richtig. Neuere Entscheidungen des *BAG*[19] stellen schwere Schuld und grobe Fahrlässigkeit doch auf eine Stufe. Richterliche Vernunft hat zu einer Rückkehr zu den Kategorien des BGB geführt. Die Zahl der Beispiele für vermeidbare Wertungswidersprüche und überflüssige Differenzierungen, die wir dem Spezialisierungsprozeß verdanken, ließe sich noch kräftig vermehren. Unzureichende Vermittlung zwischen den Teilgebieten des Rechts prägt die Ordnung des Versorgungsausgleichs, die Auseinandersetzung über die Folgen von Verstößen gegen das Rechtsberatungsgesetz sowie die Behandlung von „Folgeverträgen" nach einem Verstoß gegen das Kartellgesetz oder das UWG.

In all diesen Fällen einer Kollision zwischen Sondergebiet und allgemeiner Ordnung fehlt es nicht an Gesichtspunkten, die für den Standpunkt derer sprechen, die vor allem auf das Sondergebiet sehen. Dennoch steht am Ende der juristischen Spezialisierung ein für Bürger und Rechtsvollzugsorgan gleich schwer durchdringbares Recht: die viel berufene Paragraphenflut. Wenn ich mich in dieser Situation auf die Seite derer schlage, die Vorbehalte gegen die Emanzipation juristischer Spezialgebiete in Normsetzung, Interpretation und dogmatischer Durchdringung anmelden, so ist juristischer Ästhetizismus oder gar eine Art von Rechtsnostalgie gewiß nicht mein Motiv. Dies muß ich gegen Josef Esser (Gesetzesrationalität im Kodifikationszeitalter und heute, Recht und Staat 470, 1977, 38 f.) klarstellen. Die Einheit der Rechtsordnung, oft leider nur ein Schlagwort, hat praktische, insbesondere auch soziale Bedeutung. Nur als konsequente Ordnung, als einsichtiger

---

[17] *BAG* AP Nr. 23 zu § 611 BGB Haftung des Arbeitnehmers.

[18] *BAG* AP Nr. 30 zu § 611 BGB Haftung des Arbeitnehmers.

[19] AP Nr. 63 und Nr. 70 zu § 611 BGB Haftung des Arbeitnehmers.

Begründungszusammenhang kann das Recht jene Rechtsverbundenheit erreichen und erhalten, ohne die es nicht zu bestehen vermag. Jede Willkürlichkeit und jeder Wertungswiderspruch erschüttert die Eignung einer Rechtsordnung, dauerhafte Anerkennung zu finden. Mögen auch alle Anerkennungstheorien des Rechts falsch sein: Geltung ohne Anerkennung macht eine Rechtsordnung dennoch bedeutungslos.

Die *Informationskrise des Rechts*[20], der wir gegenüberstehen, ist nur zum Teil durch die Ausdifferenzierung des gesellschaftlichen Zusammenlebens und daneben auch durch eine strikte Interpretation des Legalitätsprinzips bedingt. Zum anderen Teil ist sie ein unerfreuliches Nebenprodukt juristischer Spezialisierung. Der durch lange Zeit — etwa in einem Ministerium — mit einem relativ schmalen Sektor befaßte Sachbearbeiter tendiert naturgemäß dazu, Regelungsvorschläge für seinen Bereich perfektionistisch und daher besonders detailliert zu konzipieren. Mit der Zeit macht es ihm dann auch immer weniger aus, wenn die Normierung seines Sektors von allgemeinen Grundsätzen abweicht, ja er gewinnt Freude an der Besonderheit. Experten, auch auf Lehrstühlen, schaffen dem Sondergebiet eine Literatur, bereichern die Sachprobleme durch erdachte, entwickeln einen allgemeinen Teil des Besonderen. Wäre der spezialisierte Jurist öfter mit der Gesamtrechtsordnung so konfrontiert, wie es etwa der noch nicht in eine größere Sozietät eingebundene Rechtsanwalt ist, es verginge ihm die Lust an der Weiterentwicklung von Differenzierungen. Wenn Luhmann[21] sagt, die Forderung nach Entdifferenzierung des Rechts sei mit dem Streben nach einer gerechteren Gesellschaft unvereinbar, so muß ihm entgegengehalten werden, daß nur eine vom Bürger erfaßbare Ordnung gerecht sein kann. Normenreduktion — selbst um den Preis einer gewissen Vergröberung des Rechts — ist in meinen Augen nicht eine Utopie, sondern eine Aufgabe für jeden, der wirklich sozial denkt.

Wer einmal selbst in einer mit der Vorbereitung einer Gesetzgebung betrauten Kommission gesessen hat, der wird mir kaum bestreiten können, daß vieles auch einfacher geregelt werden könnte, wenn man sich nach dem gewiß unerläßlichen politischen Kompromiß noch Zeit nähme, zu straffen und zu harmonisieren. Die großen Gesetzeswerke der Vergangenheit sind zumeist aus der Reduktion von Vorentwürfen, die zu umfangreich und zu verwickelt erschienen, erwachsen. In neuerer Zeit hört man zu selten davon, daß aus diesen Gründen ein Text zurückgestellt wurde.

---

[20] Zu ihr einerseits *Mayer-Maly*, Rechtskenntnis und Gesetzesflut, 1969, andererseits Sp. *Simitis*, Informationskrise des Rechts und Datenverarbeitung, 1970.

[21] Rechtssystem und Rechtsdogmatik (1974) 39.

Man würde die *Problematik juristischer Spezialisierung* nicht voll erfassen, sähe man sie nicht auch als ein *Phänomen der Wissenschaftsentwicklung insgesamt.* Leider sind die bisherigen Ansätze zu einer Wissenschaftssoziologie der Jurisprudenz recht bescheiden. Das von Klausa[22] vorgelegte Programm einer Wissenschaftssoziologie der Jurisprudenz steht zu stark im Zeichen soziologischer Moden, auch in seinem Vokabular. Ein Hauptthema der Wissenschaftssoziologie der Jurisprudenz müßte die Erforschung der Bedingungen und Folgen juristischer Spezialisierung sein. Für naturwissenschaftliche Disziplinen liegen derartige Untersuchungen längst vor[23]. Es gibt auch schon allgemeine Aussagen über die Gesetzmäßigkeiten bei der Entwicklung wissenschaftlicher Spezialgebiete[24]. Spezialisierung bedeutet, das Prinzip der Arbeitsteilung von der Warenproduktion auf den Bereich geistiger Arbeit zu übertragen. Der Aufbruch der Wissenschaften stellt in der Tat ein Gegenstück zur industriellen Revolution dar, und es kann nicht bestritten werden, daß sich unser Wissensstand ohne Spezialisierung nur viel langsamer vermehren könnte.

Vermehrung des Wissensstandes ist allerdings in der Jurissprudenz längst nicht mehr so wichtig wie in vielen anderen Disziplinen. Die gesellschaftliche Leistung des Juristen, das Anbieten von Lösungsentwürfen für Konfliktfälle und deren Ausführung nach ihrer gesellschaftlichen Anerkennung, hängt weniger vom Ausmaß der nutzbar gemachten Informationen als von der Durchschaubarkeit der zu beachtenden Normen und Präjudizien sowie von der Nachvollziehbarkeit der Argumente ab.

Häufig geht mit wissenschaftlicher Spezialisierung auch die Etablierung einer besonderen Fachsprache Hand in Hand. Es fehlt hierfür auch unter Juristen, vor allem unter den Rechtslogikern, nicht an Ansätzen, die mir allesamt bedenklich scheinen, doch liegen die Dinge längst nicht so schlimm wie bei der Soziologie, von der man eigentlich meinen sollte, daß sie sich ihres gesellschaftlichen Bezuges und damit der Verpflichtung zur Verständlichkeit stärker als andere Disziplinen bewußt sein sollte.

Spezialisierung war das Lebensgesetz der letzten hundert Jahre unseres Wissenschaftsbetriebes. Wer sich einen Namen machen wollte,

---

[22] Kölner Zeitschrift für Soziologie und Sozialpsychologie, Sonderheft 18/1975, 100 ff.

[23] z. B. *Mullins,* Die Entwicklung eines wissenschaftlichen Spezialgebiets: die Phagen-Gruppe und die Ursprünge der Molekularbiologie, in: Weingart, Wissenschaftssoziologie 2: Determinanten wissenschaftlicher Entwicklung (1974) 184 ff.

[24] *Whitley,* Kölner Zeitschrift für Soziologie und Sozialpsychologie, Sonderheft 18/1975, 135 ff.

tat in aller Regel gut daran, sich in einem Spezialgebiet einzunisten. So gesehen ist der Ruf nach einem spezialisierten Juristen und einer Vorbereitung der Spezialisierung in der Juristenausbildung alles andere als wirklich modern oder gar fortschrittlich. Wir wollen zwar nicht die Augen davor verschließen, daß kein Geringerer als Max Weber das Hohelied der Spezialisierung gesungen hat. In „Wissenschaft als Beruf" sagt er: „Nur durch strenge Spezialisierung kann der wissenschaftliche Arbeiter tatsächlich das Vollgefühl, einmal und vielleicht nie wieder im Leben, sich zu eigen machen: hier habe ich etwas geleistet, was dauern wird. Eine wirklich endgültige und tüchtige Leistung ist heute stets: eine spezialisierte Leistung. Und wer also nicht die Fähigkeit besitzt, sich einmal sozusagen Scheuklappen anzuziehen, der bleibe der Wissenschaft nur ja fern[25]."

Gewiß sind viele Erkenntnisse nur durch Spezialisierung möglich. Die Demut und der Verzicht, die den Spezialisten ebenso oft auszeichnen wie die Überschätzung der Bedeutung seines Teilgebietes, sollen nicht gering geachtet werden. Dennoch muß Max Weber entgegengehalten werden, daß gerade im Bereich der Sozialwissenschaften[26] durch Spezialisierung nichts wirklich Endgültiges erreicht werden kann. Auf die für einen Spezialbereich gewonnene Erkenntnis muß deren Vermittlung mit einem größeren Zusammenhang folgen. Eine rechtswissenschaftliche Aussage, die vermeint, ohne kontrollierende Rückfragen an die Rechtsordnung insgesamt auskommen zu können, wandelt auf gefährlichen Bahnen.

An die Grenzen der Spezialisierung sind auch andere Disziplinen längst gestoßen. Zwar wurde durch Jahrzehnte statt einer enzyklopädischen eine exemplarische Pädagogik gefordert[27]. Die pädagogischen Schriften von Robert Maynard Hutchins[28], der übrigens auch Jurist war, plädieren dagegen für eine weitgehende Rückkehr zu einem pädagogischen Enzyklopädismus. Wenn Heidegger in der Schrift „Was ist Metaphysik?" (1929) von einer zerfallenen Vielfältigkeit der Disziplinen spricht und beklagt, daß die Verwurzelung der Wissenschaften in ihrem Wesensgrund abgestorben sei, so mag dies — wie auch sonst manches bei diesem Autor — zu emotional, ja romantisch wirken. Wesentlich ist aber dennoch, daß alle durch Spezialisierung erzielte Erkenntnis, um wirklich auswertbar zu werden, der Vermittlung mit einem weiter gespannten Problembewußtsein bedarf. Daher ist ein *Wechselspiel zwischen Spezialdisziplinen und Integrationswissenschaf-*

---

[25] M. *Weber*, Wissenschaft als Beruf⁵ (1967) 11 f.

[26] Max Webers Beispiel war denn auch kein sozialwissenschaftliches, sondern stammt aus den historischen Hilfswissenschaften.

[27] Vgl. *Gerner* (Hrsg.), Das exemplarische Prinzip, 1963.

[28] z. B. Some Questions about Education in North America, 1953.

ten unerläßlich. Gilt dies schon für das weite Feld der Wissenschaften, so erst recht für die Disziplinen der Jurisprudenz.

Der Wert einer juristischen Spezialisierung etwa auf dem Gebiete des Immaterialgüterrechts, des Arbeitsrechts, des Verkehrsrechts, des internationalen Privatrechts oder des Gemeinderechts soll hier gar nicht abgestritten werden. In allen diesen Gebieten ist der Rechtsstoff so diffizil geworden, daß ein nichtspezialisierter „Universalprivatrechtler" oder „Universalpublizist" Gefahr läuft, Wichtiges zu übersehen und im Ergebnis eine falsche Diagnose zu stellen. Gerade insofern wird auch eine Parallele zwischen Jurisprudenz und Medizin deutlich[29]. Dahingestellt bleibe, ob die Diffizilität bestimmter Rechtsgebiete wirklich unvermeidbar ist. Für das Bereicherungsrecht wurde, wie ich meine mit Recht, in letzter Zeit von namhaften Stimmen, etwa von *Larenz*[30], die Besorgnis geäußert, es erliege einer Überfeinerung. Wichtiger ist aber, daß man erkennt, daß neben die juristischen Spezialdisziplinen eine *juristische Integrationswissenschaft* zu treten hat, die man *enzyklopädische Jurisprudenz* nennen könnte. Ihre Aufgabe hat es zu sein, die Entwicklung der Spezialgebiete zu verfolgen und immer dann zum Gegenstand einer allgemeineren Diskussion zu machen, wenn sich willkürliche Differenzierungen, Wertungswidersprüche und Systembrüche abzeichnen.

Zum *Gedanken der Enzyklopädie* hat die Jurisprudenz eine alte Beziehung. Enzyklopädie ist, wie Henningsen gezeigt hat[31], ein gelehrtes Kunstwort der frühen Neuzeit, in der Antike sprach man nur von der enkyklios paideia. Diese meinte ursprünglich wohl die landläufige Bildung, später die in diskursivem Vorgang erworbene, im Kreis sich bewegende Bildung.

Das Programm des rationalistischen Enzyklopädismus[32], auf dem auch Diderots Enzyklopädie fußt, ist von der Überzeugung getragen, Zusammenfassung des Wissens erschließe ihrerseits Einsicht. Die französische „Encyclopédie" will Gliederung und Verkettung der menschlichen Kenntnisse aufzeigen. Während aber in der berühmten Encyclopédie die Zahl der juristischen Stichworte nicht besonders groß ist (es gibt keinen Artikel droit, sondern nur droit naturel, daneben sind noch besonders erwähnenswert die Artikel proprieté und citoyen), führt die enzyklopädische Gesinnung bei Leibniz zu einer Unterscheidung der Erkenntnisarten aller Disziplinen, darunter auch der Juris-

---

29 Zu den Parallelen zwischen juristischer und medizinischer Spezialisierung *Greenwood / Frederickson,* in: Countryman / Finman, The Lawyer in Modern Society, 1966, 722 ff.

30 Festschrift v. Caemmerer 1978, 209, 210.

31 Archiv für Begriffsgeschichte 10, 1966 (besonders 271, 274).

32 Zu ihm *Proust,* Diderot et l'Éncyclopédie, 1962.

prudenz. Dies ist erst durch eine ausgezeichnete Monographie von Dierse[33] wieder in Erinnerung gerufen worden. Leibniz unterscheidet für jede Disziplin und damit auch für die Jurisprudenz: theoremata, historiae, observationes, hypotheses, problemata[34]. Zu den theoremata gehören die Naturrechtslehre, die Rechtsphilosophie, zu den historiae die besonderen Gesetze und Gewohnheiten, zu den observationes die durch Induktion gebildeten allgemeinen Sätze, also das, was wir heute Dogmatik nennen würden; zu den hypotheses die zu entscheidenden kontroversen Fälle und zu den problemata die Kautelarjurisprudenz, auf die man ja zu jener Zeit besonders viel hielt.

Von der allgemeinen Enzyklopädie ist im 18. Jhdt. in einer Entwicklung, die nun durch Dierse aufgedeckt wurde, auch der *Anstoß zu den Fachenzyklopädien* und darunter auch zu den juristischen erfolgt. Dabei ist der Unterricht der Literatur vorangegangen. Für Göttingen wurde 1756 angeordnet, daß an allen Fakultäten enzyklopädische Vorlesungen zu halten seien, für die Juristen hat Johann Stefan Püttner den Anfang gemacht[35]. Aus seiner Vorlesung ist das 1767 erschienene Buch „Neuer Versuch einer juristischen Enzyklopädie und Metodologie" hervorgegangen. Die juristischen Enzyklopädien der 2. Hälfte des 18. Jh.s und die des 19. Jh.s waren aber nicht, wie ein verbreitetes Vorurteil annimmt, allesamt Einführungswerke, vielmehr steht, wie Dierse[36] herausgearbeitet hat, neben dem Typ der Enzyklopädie als Propädeutik (repräsentiert etwa von Wenck und Falck) die Enzyklopädie als Versuch einer systematischen Zusammenfassung der Rechtswissenschaft (repräsentiert etwa von Friedländer und Warnkönig). Wenn ich heute dafür eintrete, den Gedanken der juristischen Enzyklopädie neben die Pflege juristischer Spezialdisziplinen zu stellen, so meine ich damit nicht etwas verschroben Romantisches, sondern den Rekurs auf beste rationalistische Tradition.

So wie neben der enzyklopädischen eine exemplarische Pädagogik ihr Recht hat, so müssen auch im Rechtsunterricht exemplarische und enzyklopädische Verfahren nebeneinander stehen. Ein Überfrachten des Studien- und Prüfungsstoffes mit positivrechtlichem Detail kann nicht energisch genug abgelehnt werden. Um aber die Exempel richtig wählen zu können, muß man das Material insgesamt überblicken. Daher ist gute Rechtsdidaktik auf enzyklopädische Juresprudenz ebenso angewiesen wie auf spezialisierte. Mit einer bloß exemplarischen Jurisprudenz wäre aber auch der Praxis nicht gedient; die Hilfestellung, die der Praxis von der Rechtswissenschaft in Form von Monographien,

---

[33] Enzyklopädie. Supplementheft 2 zum Archiv für Begriffsgeschichte 1977.

[34] Vgl. dazu und zum folgenden *Dierse* a.a.O. 26 ff.

[35] Vgl. *Dierse* 74 ff.

[36] a.a.O. 179.

Systemwerken und Kommentaren geboten werden kann, muß einerseits gewiß von Spezialisten, andererseits aber auch unter Heranziehung von weite Bereiche überschauenden Juristen erstellt werden.

An Beispielen für *spontane Integrationsversuche* fehlt es nicht. Längst ist der Versuch unternommen worden, die Bewertungsmaßstäbe des Zivilrechts und des öffentlichen Rechts in eine sinnvolle Beziehung zueinander zu setzen, längst werden Fragen wie Tatbestand und Folgen des Rechtsmißbrauchs unter Überschreitung von Fachgrenzen erörtert. Ohne Institutionalisierung wird aber in Zukunft schwerlich auszukommen sein. Empfohlen wird daher eine Ergänzung des juristischen Arbeitsprogramms um eine rechtswissenschaftliche Integrationsdisziplin. Das bedeutet an den juristischen Bildungsstätten konkret: einige neue Lehrstühle und Institute, wohl auch ein besonderes Publikationsorgan und vielleicht überdies ein alle juristischen Bildungsstätten ergreifendes, auf freiwilliger Basis zu erstellendes Arbeitsprogramm.

Neben die institutionellen Vorkehrungen im Bereich der Wissenschaftsorganisation sollten aber auch institutionelle Vorkehrungen im Bereich der Legistik und Judikatur treten. Als ich vor einigen Monaten meine Postulate in einem Vortrag aus Anlaß des 200jährigen Jubiläums der Grazer Juristenfakultät unter Bezugnahme auf die österreichischen Verhältnisse entwickelt habe, kam von dem gedankenreichen Nestor dieser Fakultät, Walter Wilburg, die Anregung, man könne neben den Verfassungsdienst im österreichischen Bundeskanzleramt, der die Aufgabe hat, die Vereinbarkeit von Gesetzesvorlagen mit der Verfassung zu prüfen, einen weiteren Dienst stellen, der das Verhältnis von Sonderentwicklungen zur Schlüssigkeit der Gesamtrechtsordnung im Auge zu behalten hätte. Gewiß haben alle derartigen Institutionalisierungsvorschläge ihr Für und Wider. Auf sie kommt es aber auch gar nicht entscheidend an. Wichtig ist vielmehr ein anderes: das Umdenken in der Art der Problembehandlung. Nicht eine isolierende, sondern nur eine übergreifende Argumentationsweise gibt uns die Chance, auch in Zukunft hinter der Fülle der Vorschriften das Recht zu finden.

Die Bedeutung der Hochschule für Verwaltungswissenschaften Speyer für die Juristenausbildung

Von Detlef Merten

Die Hochschule für Verwaltungswissenschaften ragt aus der deutschen Bildungslandschaft heraus. Numerus-clausus-Probleme, Überlastquoten und Regelstudienzeiten sind für sie Fremdwörter geblieben. Das zahlenmäßige Verhältnis von Lehrenden zu Lernenden entspricht dem Zustand, der etwa vor fünfhundert Jahren an deutschen Universitäten geherrscht hat. Während die Hochschule vor zwei Jahren den 10 000sten Hörer seit ihrem Beginn im Jahre 1947 begrüßen konnte, sind an der benachbarten Universität Mainz zur Zeit mehr als 20 000 Studenten immatrikuliert. So verwundert es nicht, daß sich das geistige Klima an der Hochschule von dem der Massenuniversitäten unterscheidet. Es kommt zu wissenschaftlichem Gedankenaustausch und Disput, für die woanders bei notwendigem Frontalunterricht oftmals kein Raum mehr ist; es sind persönliche Kontakte möglich, denen sonst Überfüllung und Anonymität entgegenstehen.

Als „Staatliche Akademie für Verwaltungswissenschaften Speyer" von der französischen Besatzungsmacht gegründet[1], ist die Hochschule heute Zentrum der Verwaltungswissenschaften in Forschung und Lehre und in der Bundesrepublik die einzige nachuniversitäre Hochschule, der — ihrem wissenschaftlichen Rang entsprechend — das Promotions- und Habilitationsrecht zusteht.

I. Die Entwicklung der Hochschule für Verwaltungswissenschaften Speyer läßt sich zwanglos in drei Abschnitte gliedern. Die *Aufbauphase* umfaßt den Zeitraum von 1947 bis etwa 1955. Anfangs verfügte die Hochschule noch über einen besonderen, zweijährigen Ausbildungsgang für Beamte des höheren Dienstes. Aufgenommen wurden Juristen, Wirtschaftsreferendare und einige Beamte des gehobenen Dienstes, wobei ein fehlendes Referendarexamen durch eine Hochschul-Aufnahmeprüfung ersetzt werden konnte. Die Ausbildung schloß mit einer an der Hochschule abzulegenden Großen Staatsprüfung ab, de-

---

1 Verfügung Nr. 194 des Administrateur Général vom 11. 1. 1947 über Errichtung einer Höheren Verwaltungsakademie (Journal Officiel S. 538).

ren Bestehen nicht nur die Befähigung zum höheren Verwaltungsdienst verlieh, sondern auch den Anspruch auf Einstellung durch eines der drei Länder der damaligen französischen Besatzungszone einschloß. Dieser Modellversuch wurde später zugunsten einer einheitlichen Juristenausbildung aufgegeben. Ab 1950 nahm die Hochschule vor allem Rechtsreferendare zu einem einsemestrigen Ergänzungsstudium auf, zunächst nur aus einigen, später aus allen Bundesländern, da die Hochschule inzwischen wissenschaftliche Einrichtung des Bundes und aller Bundesländer geworden war. Bis 1955 stieg die Zahl der Hörer kontinuierlich an. Im Sommersemester jenes Jahres waren erstmals mehr als 200 Studierende immatrikuliert.

Nunmehr begann eine *Konsolidierungsphase,* die bis 1972 reichte und im ganzen durch gleichbleibende Hörerzahlen gekennzeichnet war, wobei die Hörer — wahrscheinlich im Hinblick auf den Freizeitwert der Pfalz — das Sommersemester bevorzugten. 1972 setzte eine *Ausbau-* und *Umstellungsphase* ein. Die Zahl der Rechtsreferendare — bisher stets die große Mehrheit der Hörerschaft — verringerte sich, wenn diese auch bis heute die stärkste Gruppe der Studierenden bilden. Hauptursache für diesen Rückgang war die Verkürzung des juristischen Vorbereitungsdienstes durch zwei „Reformen“[2]. Hatte sich die erstmalige Beschneidung des Vorbereitungsdienstes im Jahre 1965 nennenswert nur auf die Hörerzahlen des Wintersemesters 1965/66 ausgewirkt und in der folgenden Zeit nur Spitzenwerte gekappt, so waren die Folgen der zweiten Verkürzung einschneidender: Die Zahl der an der Hochschule studierenden Rechtsreferendare ist im Vergleich zu den Jahren 1956 bis 1972 um rund ein Drittel gesunken. Unter Hörermangel hat die Hochschule dennoch nicht zu leiden. Die Lehrkapazität erlaubte es, Post-, Wirtschafts-, Regierungs- und Verwaltungsreferendare sowie Angehörige des höheren Dienstes der Bundesanstalt für Arbeit aufzunehmen und seit 1977 ein einjähriges verwaltungswissenschaftliches Aufbaustudium einzurichten

Zu Beginn des Dezenniums war der Lehrkörper weiter ausgebaut worden. Waren zu den fünf Lehrstühlen des Gründungsjahres bis 1962 nur drei hinzugekommen, so verfügte die Hochschule im Jahre 1974 über fünfzehn Ordinariate. Die Erweiterung kam vor allem dem Bereich der Wirtschafts- und Sozialwissenschaften zugute. Als Beispiele seien die Lehrstühle für Organisationssoziologie, insbesondere Verwaltungssoziologie, und für Politische Wissenschaften, insbesondere Innenpolitik, genannt.

[2] Vgl. Art. 3 Abs. 1 Nr. 1 lit. a des Gesetzes zur Kürzung des Vorbereitungsdienstes für den Erwerb der Befähigung zum höheren Beamtendienst und zum Richteramt vom 17. 8. 1965 (BGBl. I S. 891) und Art. I Nr. 2 des Gesetzes zur Änderung des Deutschen Richtergesetzes vom 10. 9. 1971 (BGBl. I S. 1557).

II. Das Studienangebot, das die Hochschule heute unterbreiten kann, ist so weit gefächert, daß der Senat eine Studienempfehlung ausarbeiten mußte, um die Auswahl der Lehrveranstaltungen zu erleichtern und die Bildung vernünftiger Studienschwerpunkte zu ermöglichen. Gliedert man das Stoffangebot nach Studienzielen, so schälen sich sechs Gruppen heraus.

1. Die erste Kategorie umfaßt wissenschaftliche Lehrveranstaltungen, die die während des Studiums erworbenen Kenntnisse des öffentlichen Rechts erweitern und vertiefen sollen. Hierzu zählen sowohl Seminare im Staats- und Verwaltungsrecht als auch Vorlesungen, Kolloquien und Seminare auf solchen Rechtsgebieten, die während des Universitätsstudiums nicht im Vordergrund stehen, wie z. B. Dienstrecht, Haushaltsrecht, Fremdenrecht, Planungsrecht oder Sozialrecht. Das Anwachsen des Wissens- und Prüfungsstoffes gebietet es, Teilgebiete aus dem Studium auszuklammern, wenn man dessen stetiger Verlängerung begegnen will. Die mit der Einführung der Wahlfachgruppen bezweckte Schlankheitskur hat offensichtlich — ohne daß den Beratungen und Ergebnissen dieser Tagung vorgegriffen werden soll — das Schicksal aller derartigen diätetischen Bemühungen geteilt: Nach anfänglicher Abmagerung wird der alte Umfang sehr bald wieder erreicht. Zudem verlangt das System der Wahlfachgruppen, daß der Student in einem frühen Stadium und in der Regel ohne jegliche Kenntnis der Praxis seine Neigungen erkennt. Besser erscheint es demgegenüber, die Wahl von Schwerpunkten und die Vertiefung von Kenntnissen in diesen Bereichen dem Vorbereitungsdienst zu überlassen, weil dieser Zeitpunkt für den jungen Juristen, der sein Studium abgeschlossen und erste Erfahrungen in der praktischen Ausbildung gesammelt hat, besser geeignet ist. Für eine Spezialisierung im öffentlichen Recht auf den Gebieten von Staat und Verwaltung bietet sich die Hochschule für Verwaltungswissenschaften an.

2. Eine zweite Gruppe umfaßt Lehrveranstaltungen, die einen besonders engen, nicht unbedingt nur juristischen Bezug zur Verwaltungspraxis aufweisen und daher die praktische Ausbildung des Juristen in der Verwaltungsstation sinnvoll ergänzen. Hier sind in erster Linie die Projektarbeitsgemeinschaften zu nennen, in denen Verwaltungsaufgaben wie die Leitungsorganisation einer Kreisverwaltung, die Stadtsanierung eines Mittelzentrums oder die Lösung eines Tarifkonflikts im öffentlichen Dienst in kleinen Gruppen, die höchstens 20 Hörer umfassen, gelöst werden. Zu den Arbeitsgemeinschaften gesellt sich eine Reihe weiterer Veranstaltungen über Querschnittsfunktionen in der öffentlichen Verwaltung, z. B. Organisationslehre und Funktionalreform, Dienstpostenbewertung und Leistungsbeurteilung im öffentlichen Dienst, Finanzverfassung und Regionalplanung.

In diese Gruppe gehören schließlich auch Lehrveranstaltungen zur Gesetzgebungslehre und zu bestimmten Gesetzgebungsvorhaben. Sicher ist die pauschale Kritik an Normenfülle und Regelungsdichte, an Gesetzesperfektionismus und Gesetzgebungsunverstand ebenso unberechtigt wie der seinerzeitige kritiklose und neoaufklärerische Glaube an die Allmacht des Gesetzgebers, der Reformen und womöglich eine Zeitenwende ungeachtet der allgemeinen Rechtsanschauungen herbeilegeferieren sollte und für den Gesetzesproduktion schon ein Wert an sich war. Zustimmung findet dagegen eine differenzierte Kritik[3], die die Gesetzgebungslehre als traditionelles Manko der Juristenausbildung ausweist und ihre stärkere Berücksichtigung neben der Rechtsanwendung verlangt. Allerdings darf der Niedergang der Gesetzgebungskunst in einer Epoche nicht verwundern, die von Reformhektik erfüllt war, ihr Heil in Richterrecht und Gesinnungsjurisprudenz suchte und den Rechtsanwender zum Sozialingenieur umfunktionieren wollte. Im Rahmen der Juristenausbildung gehört die Gesetzgebungslehre schwerpunktmäßig nicht in das Universitätsstudium, das man nicht gleichzeitig leichtern und mit neuem Stoff befrachten kann. Zudem setzt die Legistik Überblick und Erfahrung voraus. Wer in der Gesetzesdeduktion unsicher ist, taugt noch nicht dafür, hinter der Fülle der Einzelfälle und Regelungsprobleme allgemeine Gesetzmäßigkeiten zu entdecken und induktiv rechtssystematisch befriedigende Lösungen zu suchen. Der Vorbereitungsdienst ist von der Sache her der viel geeignetere Platz zur Beschäftigung mit der Gesetzgebungslehre. Die Hochschule für Verwaltungswissenschaften verfügt seit dem Wintersemester 1978/79 über einen Lehrstuhl für Rechtspolitik und Gesetzgebungslehre und wird sich in Zukunft in ihrem Lehr- und Forschungsprogramm verstärkt dieser bisher allzu sehr vernachlässigten Materie widmen.

3. Eine dritte Gruppe läßt sich als „*Einführungsveranstaltungen*“ kennzeichnen. Sie sollen dem Juristen einen Überblick über die verwaltungsbezogenen Aspekte der benachbarten Disziplinen bieten. Einführungen in die Wirtschafts- und Sozialwissenschaften gehören daher ebenso zum Standard-Lehrprogramm der Hochschule wie Einführungen in das öffentliche Recht und das Arbeitsrecht für Nicht-Juristen. Allen Hörern wird eine Einführung in die Verwaltungswissenschaft im engeren Sinne (Verwaltungslehre) empfohlen. Zweck der Einführungsveranstaltung ist es, jedem Hörer Grundkenntnisse in einem Fach, das er früher nicht studiert hatte, zu vermitteln.

---

[3] Vgl. die Ausführungen des Bundesministers Prof. Dr. W. *Maihofer*, Verhandlungen des Deutschen Bundestages, 8. WP, 68. Sitzung vom 25. 1. 1978, Sten.Ber. S. 5369 f.

4. *Spezialveranstaltungen* ermöglichen exemplarisches Lernen auf ausgewählten Gebieten der Rechts- und Sozialphilosophie, der neueren Geschichte und der Wirtschafts- und Sozialwissenschaften. Sie setzen im allgemeinen Vorkenntnisse, zumindest aber besondere Interessen voraus. Beispielhaft seien hier Veranstaltungen wie „Hegel und das öffentliche Recht", „Politik und Verwaltung im Hitlerstaat", „Politikdarstellung in den Medien" und „Grundfragen der Organisationstheorie" angeführt.

5. *Examensrelevante Lehrveranstaltungen* sollen unmittelbar auf die Zweite juristische Staatsprüfung vorbereiten. In diese Gruppe gehören wissenschaftlich anspruchsvollere Repetitorien, z. B. über „Institutionen des allgemeinen Verwaltungsrechts", Arbeitsgemeinschaften, die als Übungen für die Referendare der einzelnen Länder von einem Kenner der Prüfungspraxis geleitet werden, Klausurenkurse und auch eine zivilrechtliche Arbeitsgemeinschaft.

6. *Ergänzungsveranstaltungen* schließlich sollen praktische Fertigkeiten in Sprachkursen, Veranstaltungen über wissenschaftliche Schriftstellerei, Rhetorik oder Verhandlungsführung vermitteln. Der Zulauf, der hier teilweise zu beobachten ist, offenbart das Bedürfnis nach einer Art Lebenshilfe für Akademiker, der sich die Massenuniversitäten nicht annehmen können.

Die Systematisierung des vielfältigen Stoffangebots macht deutlich, wo die Hochschule für Verwaltungswissenschaften ihre Aufgabe in der Juristenausbildung sieht. Zunächst dient auch das Ergänzungsstudium der Heranbildung guter Generalisten mit zufriedenstellenden Kenntnissen in allen dogmatischen Fächern. Der Absolvent der Hochschule soll sein Wissen auffrischen, in der Anwendung erproben und sich auch auf das Examen vorbereiten können. Darüber hinaus soll er Spezialist auf dem Gebiet des öffentlichen Rechts werden und in diesem Fach breitere und tiefere Kenntnisse als andere erwerben. Wer später als Jurist in der Verwaltung, aber auch in der Verwaltungsgerichtsbarkeit, tätig werden soll, muß die Grundregeln der Organisation und Planung, der Personalführung und des öffentlichen Finanzwesens beherrschen. Dabei sollen den Hörern der Hochschule bereits im Vorbereitungsdienst ein Teil der Kenntnisse und Fertigkeiten vermittelt werden, die den guten Praktiker auszeichnen. Gerade durch die Einführung in Nachbardisziplinen und das gemeinsame Studium mit Nicht-Juristen lernt der Referendar auch die Denkweise und Terminologie anderer Fachrichtungen kennen, was ihm in seinem Berufsleben zugute kommt.

III. Die Möglichkeiten für eine Spezialisierung an der Hochschule für Verwaltungswissenschaften sind allerdings durch die Verkürzung des

Vorbereitungsdienstes und die zeitliche Einbettung des Ergänzungsstudiums in die Juristenausbildung erheblich erschwert worden. Vor 1972 wurde es sowohl von den Ausbildungsbehörden als auch von den Referendaren als unproblematisch angesehen, einen Teil der Pflichtstation in der Verwaltung als Hochschulsemester in Speyer zu absolvieren oder dieses statt einer Ausbildung beim Verwaltungsgericht zu wählen. Nach der Verkürzung des Vorbereitungsdienstes auf zwei Jahre mit entsprechender Kürze der Verwaltungsstage wurde ein Studium in Speyer überwiegend nur noch auf die Wahlstation angerechnet, weil man eine Inanspruchnahme der verkürzten Verwaltungsstation nicht verantworten zu können glaubte. Zudem rückte die Wahlstation, die früher etwa nach dem zweiten Drittel des Vorbereitungsdienstes angetreten wurde, an das Ende der Ausbildung. Sie wird nunmehr verstärkt zur abschließenden Examensvorbereitung benutzt. Wer die Chance einer intensiven Justiz-Ausbildung am Oberlandesgericht während der Wahlstation nicht nutzt, begibt sich meist zu einem Rechtsanwalt oder Notar in der Erwartung, eine angemessene Zeit zur Examensvorbereitung zu erhalten.

Daß die Anrechnung eines Studiums an der Hochschule für Verwaltungswissenschaften allein auf die Wahlstation negative Rückwirkungen hat, zeigen die bisherigen Erfahrungen und statistische Vergleiche. Während die Entsendung der Referendare in den Bundesländern, die eine Anrechnung lediglich auf die Wahlstation kennen, nach 1972 erheblich zurückgegangen ist, sieht die Situation in den (wenigen) Ländern, die eine Anrechnung auf die Pflichtstation auch nach 1972 beibehalten haben, gänzlich anders aus. Hier hat sich der anfänglich steile Abfall in der Entsendungsquote bald auf einem relativ günstigen Niveau stabilisiert, so daß sich beispielsweise in einem Bundesland die durchschnittliche Entsendung nach 1973 um weniger als 10 vom Hundert im Vergleich zu dem Zeitraum von 1966 bis 1971 verändert hat.

Inzwischen haben sich die Schwierigkeiten bei der Anrechnung des Ergänzungsstudiums vermindert. Die Innenministerkonferenz hat auf Vorschlag des Verwaltungsrats der Hochschule dankenswerterweise den Beschluß gefaßt, die Anrechnung des Studiums auf die Pflichtstation bei einer Verwaltungsbehörde und die Änderung entgegenstehender Bestimmungen der Justizausbildungsgesetze und der Ausbildungsordnungen zu empfehlen. Die Länder Hessen, Niedersachsen und Nordrhein-Westfalen haben, dem Beschluß folgend, ihre Vorschriften geändert oder bereiten die Novellierung vor. Unabhängig davon war es auch bisher schon möglich, das Ergänzungsstudium in Speyer mit der praktischen Ausbildung in der Verwaltung zu verbinden und an passender Stelle in den Vorbereitungsdienst einzuschieben. Denn alle Ausbildungsordnungen sehen die Möglichkeit einer Umstellung der Ausbildungsabschnitte, also auch eine Vorverlegung der Wahlstation, vor. Wenn es hierzu nicht in der wünschenswerten Häufigkeit kommt, so mag das auch daran liegen, daß es eines besonderen Antrags und der Überwindung eigener Skrupel und möglicher Zweifel der Ausbilder bedarf.

Die ungünstige Anordnung der Wahlstation ist aber sicher nicht die einzige Erklärung dafür, daß Referendare heute weniger als früher aus dem üblichen Vorbereitungsdienst ausbrechen, ihren individuellen Bildungsinteressen nachgehen und schon während der Ausbildung besondere Schwerpunkte wählen und Spezialkenntnisse erwerben. Ein der Hochschule verbundener Ausbilder hat vor einiger Zeit die Referendare seiner Arbeitsgemeinschaft in einem Bundesland befragt, warum sie von der Möglichkeit eines Ergänzungsstudiums an der Hochschule für Verwaltungswissenschaften Speyer keinen Gebrauch machen wollen. Auswahl und Methode dieser Befragung mögen den wissenschaftlichen Anforderungen an Repräsentativumfragen nicht genügen, dennoch erscheint das Ergebnis aufschlußreich. Nahezu alle Referendare kannten das Ergänzungsstudium und waren an dem Lehrangebot grundsätzlich interessiert. Unabhängig davon hielten 10 vom Hundert den Lehrstoff für nicht hinreichend examensrelevant oder für den erstrebten Beruf außerhalb der öffentlichen Verwaltung nicht für förderlich. Über die Hälfte der Referendare gab an, sie habe aus persönlichen oder familiären Gründen von einem Studium in Speyer abgesehen. Ausschlaggebend hierfür dürften zunächst die zeitige Eheschließung und Familiengründung sein, die der recht hohe Unterhaltszuschuß heute in stärkerem Maße als früher erlaubt. Zugleich offenbart sich hier aber auch die aus der Beschäftigungspolitik bekannte Immobilität und gesunkene räumliche Flexibilität, die mit einer Arbeitnehmer-Mentalität einhergeht. Die meisten Hörer der Hochschule, wenn sie nicht gerade in Oberbayern oder Schleswig-Holstein wohnen, sind heute Wochenendfahrer, was spezifische Probleme aufwirft und das Studium zu einer Fünf-Tage-Beschäftigung werden läßt. Als entscheidenden Grund für den Verzicht auf ein Ergänzungsstudium hat die Hälfte der Befragten angegeben, sie habe den Vorbereitungsdienst nicht unterbrechen und insbesondere die kontinuierliche Teilnahme an den heimischen Arbeitsgemeinschaften nicht aufgeben wollen. Berücksichtigt man, daß die Hochschule inzwischen für die Referendare aus sechs Bundesländern landesbezogene Arbeitsgemeinschaften unter der Leitung prüfungserfahrener Beamter der jeweiligen Länder eingerichtet hat und die Referendare aus den übrigen Bundesländern in einer dieser Arbeitsgemeinschaften hospitieren können, so zeigt sich hier jene Sehnsucht nach Geborgenheit, die man hart, aber zutreffend, als „Herdenmentalität" bezeichnen kann. Anscheinend wirken sich angeblich so fortschrittliche Schulreformen wie die Ersetzung des Klassensystems durch das Kurssystem auch hier negativ auf Studium und Ausbildung aus und erzeugen Unsicherheit und Unselbständigkeit. Die erstrebte „Verwissenschaftlichung" in der Schule führt so zu einer Verschulung der Wissenschaft und Ausbildung. So möchte der Referendar die Gruppe, mit der er den Vorbereitungsdienst begonnen hat, nicht verlassen und die Arbeitsgemeinschaften, in der er seine Position gegenüber Ausbilder und Kollegen kontrollieren kann, nicht wechseln. Die Fixierung auf Gruppen in diesem Alter birgt nicht nur Gefahren für die Persönlichkeitsprägung, sondern erschwert auch die Verfolgung individueller Bildungsinteressen. Nach Ansicht von mehr als zwei Dritteln der befragten Referendare läßt der zweijährige Vorbereitungsdienst schon aus Zeitgründen ein Ergänzungsstudium nicht zu. In der Tat ist, wie bereits gezeigt, eine sinnvolle Einbettung des Hochschul-Semesters in den drastisch verkürzten Vorbereitungsdienst nicht unproblematisch, zumal eine Anrechnung des Ergänzungsstudiums auf die Verwaltungsstation notwendig zu Lasten der praktischen Ausbildung der Referendare in der Verwaltung geht.

IV. Das Ergänzungsstudium an der Hochschule und die allgemeine Juristenausbildung stehen in Wechselwirkung. Einerseits richten sich die Aufgaben der Hochschule für Verwaltungswissenschaften Speyer nach dem vorgegebenen Rahmen des Juristenausbildungsrechts, andererseits können aus den Erfahrungen, die die Hochschule mit diesem heillos zersplitterten Rechtsgebiet und mit der Ausbildung der Referendare aller Bundesländer macht, wichtige Schlüsse gezogen werden.

1. Zu den vorgegebenen Entscheidungen gehört das Leitbild des „Einheitsjuristen", an dem festgehalten werden sollte. Ein für seinen späteren Arbeitsplatz fertig ausgebildeter Jurist muß ohnehin Utopie bleiben. Wenig erfolgversprechend ist es auch, vom Juristen zu verlangen, schon während seiner Ausbildung in Spezialmaterien wie Arbeitsrecht, Sozialrecht, Umweltrecht vertieft einzudringen. Verlangte man für die spätere Berufspraxis hinreichende Kenntnisse auf allen diesen Gebieten, so würde dies nicht nur zur Verlängerung der Dauer des Studiums und des Vorbereitungsdienstes führen, sondern auch die Gefahr mit sich bringen, daß die Spezialkenntnisse den Blick für das Allgemeine verstellen. Für eine vorzeitige Spezialisierung, die Festlegung auf ein Fachgebiet unter Vernachlässigung der übrigen fehlen dem jungen Juristen in der Regel Überblick und praktische Anschauung. Wollte man die praktische Ausbildung der Juristen in einen Vorbereitungsdienst für „Justizjuristen" und einen solchen für „Verwaltungsjuristen" spalten, so müßten sich die späteren Verwaltungsbeamten für etwas entscheiden, was sie zu diesem Zeitpunkt vielfach nur

aus Lehrbüchern kennen. Die Spezialisierung beginnt in Deutschland sowieso allzu früh bereits in der Schule und setzt sich im Studium fort. Auf diese Weise entstehen fundamentale und irreparable Lücken zugunsten einer vermeintlichen und vordergründigen Berufs- und Praxisnähe, die für eine Epoche der ungeistigen Technisierung und „subalternen Instrumentalisierung“ charakteristisch sind.

2. Nach den Erfahrungen der Hochschule für Verwaltungswissenschaften ist eine Verlängerung des Vorbereitungsdienstes unabweisbar. Der im Vergleich zu früher fast um die Hälfte verkürzte Vorbereitungsdienst ist für eine auch nur hinreichende praktische Ausbildung der jungen Juristen untauglich. Die in Speyer gewonnenen Erkenntnisse, die von vielen Ausbildern bestätigt werden, zeigen, daß die Qualität der Juristen in letzter Zeit beträchtlich zurückgegangen ist. Der Gesetzgeber ist daher gehalten, seine im Reformüberschwang begangenen Fehler zu erkennen und wiedergutzumachen.

Gegen die notwendige Verlängerung des Vorbereitungsdienstes spricht nicht der Umstand, daß die Juristen dann erst später in das aktive Berufsleben eintreten können. Denn die Verkürzung des Vorbereitungsdienstes war nur ein Schein-Sieg. Die Alterskosmetik kann nicht verdecken, daß der „fertige“ Jurist auf das „Nachschieben von Wissen“ angewiesen ist und daß man vielfach unter dem Deckmantel der „Fortbildung“ — als „Einführungsfortbildung“ oftmals schon vor Aufnahme der eigentlichen Berufstätigkeit — etwas betreibt, was eigentlich als „Ausbildung“ zu leisten gewesen wäre. Das Assessor-Examen muß wieder zum Gütesiegel für juristische Denkfähigkeit, solide Kenntnisse und praktische Fertigkeiten werden. Eine um sich greifende „Palaver-Intelligenz“ reicht als Berufsqualifikation nicht aus.

3. Nur bei einer Verlängerung des Vorbereitungsdienstes kann die jetzige Juristenausbildung als Kompromiß zwischen den Bedürfnissen der Justiz und der Verwaltung aufrechterhalten werden. Augenblicklich ist weder die Justiz mit dem in der Referendarausbildung erzielten Wissensstand zufrieden, noch kann die öffentliche Verwaltung die Assessoren im allgemeinen ohne weiteres in der Praxis einsetzen. Bei einem starren Festhalten am zeitlichen Rahmen des Vorbereitungsdienstes scheint die Grenze der Kompromißbereitschaft bald erreicht zu sein. In der Folge wären die Einheitsausbildung und das Leitbild des „Einheitsjuristen“ in Gefahr.

Eine Verlängerung des Vorbereitungsdienstes würde dagegen Raum für eine Spezialisierung und die Verfolgung individueller Bildungsinteressen schaffen. Da das Bestehen der Zweiten juristischen Staatsprüfung auch die Befähigung zum höheren Verwaltungsdienst verleiht, muß das öffentliche Recht in der Juristenausbildung nicht nur einer der Grundpfeiler sein, sondern es sollte darüber hinaus die Möglichkeit bestehen, die Bereiche von Staat und Verwaltung als Schwerpunkt der Ausbildung zu wählen. Die rechtsstaatliche Verwaltung kontinentaleuropäischer Prägung braucht den für das Gebiet des öffentlichen Rechts ausgebildeten und qualifizierten Juristen nicht zuletzt zum Schutze der Freiheit des Bürgers, wofür der Jurist dank seiner Ausbildung immer noch besser geeignet ist als der Ingenieur, der Wirtschafts- oder Sozialwissenschaftler.

Die Zukunftsaussichten der Juristen auf dem Arbeitsmarkt

Von Josef Heptner

Bei jeglicher Aussage zu einem Teilarbeitsmarkt muß man sich immer vergegenwärtigen, daß dieser Teilarbeitsmarkt ein Teil des gesamten Arbeitsmarktes ist. Das gilt selbstverständlich auch für den Juristenarbeitsmarkt. Die Betrachtung eines Teilarbeitsmarktes allein ist nach meiner Auffassung unzulässig. Ich halte es daher für notwendig, daß wir zunächst einmal einen kurzen Blick auf den Gesamtarbeitsmarkt werfen und dann einige Vergleiche mit dem Arbeitsmarkt für Akademiker generell und für Juristen speziell ziehen.

Basis dieser Überlegungen sind die Sonderuntersuchungen der Bundesanstalt für Arbeit. Dies sind Totalauszählungen der Arbeitslosen jeweils im Mai und im September eines jeden Jahres.

Erhebungszeitpunkt	Arbeitslose (insgesamt)	Arbeitslose mit abgeschlossener Hochschulbildung (Akademiker)	Arbeitslose Juristen	Arbeitslose Lehrer
September 1973	219 105	5 517	450	753
Mai 1974	456 603	7 586	634	967
September 1974	556 876	9 618	798	1 423
Mai 1975	1 017 903	13 131	1 182	1 905
September 1975	1 006 554	15 491	1 349	2 658
Mai 1976	954 150	18 408	1 454	3 244
September 1976	898 314	20 336	1 577	3 913
Mai 1977	946 491	24 668	1 483	7 145
September 1977	911 257	23 777	1 568	5 702
Mai 1978	913 034	23 768	1 186	7 437

Anmerkung: Die Zahlen sind entnommen den von der Bundesanstalt für Arbeit jeweils Ende Mai und September eines jeden Jahres durchgeführten Strukturerhebungen aller Arbeitslosen. Veröffentlicht in den Amtlichen Nachrichten der Bundesanstalt für Arbeit in den vergangenen Jahren.

Wenn wir anhand dieser Daten zunächst einmal die Entwicklung der allgemeinen Arbeitslosigkeit verfolgen, so ergibt sich folgendes Bild: Im September 1973 hatten wir insgesamt 219 000 Arbeitslose. Diese Zahl stieg dann stetig an und lag im Mai und September 1975 über der Millionengrenze. Bei den folgenden Erhebungszeitpunkten lag sie jeweils um 900 000.

Bei den Arbeitslosen mit abgeschlossener Hochschulbildung (nicht mitgezählt sind Arbeitslose mit *Fach*hochschulausbildung) ergibt sich folgendes Bild: Im September 1973 zählten wir 5 500 arbeitslose Akademiker. Die Zahl stieg dann mit zunehmenden Steigerungsraten auf 24 700 im Mai 1977. Im September 1977 waren es dagegen ca. 1 000 arbeitslose Akademiker weniger, und bei diesem Stand blieb es auch im Mai 1978, was bedeutet, daß die Zahl der arbeitslosen Akademiker seit Mai 1977 verglichen mit Mai 1978 um ca. 3,6 % rückläufig ist.

Die Ursachen für die Entwicklung der allgemeinen Arbeitslosigkeit sind Ihnen sicher bekannt. Ich möchte es daher nur bei Stichworten bewenden lassen: Der Anstieg der allgemeinen Arbeitslosigkeit beginnt mit dem wirtschaftlichen Einbruch 1973 — Ölkrise, das Erreichen von Wachstumsgrenzen, die Kostenentwicklung, speziell der Personalkosten, usw. Dies führte dazu, daß die Wirtschaft versuchte, die Kosten zu drücken, um so die Wettbewerbsfähigkeit zu erhalten. Es kam zu Fusionen zwischen kleineren Unternehmen bzw. zum Aufkauf derselben, zu kostensparenden Kooperationsverträgen, zur Straffung der Unternehmensorganisation, kurz: zu Maßnahmen, die letztlich in vielen Bereichen in irgendeiner Form zu Personaleinsparungen und Freisetzungen führten.

Diese Maßnahmen haben mit einer gewissen Verzögerung auch auf dem Arbeitsmarkt für Akademiker durchgeschlagen. Parallel hierzu ging die Finanzkraft der öffentlichen Hand aufgrund der geringeren Steuereinnahmen ebenfalls zurück, d. h. ein Ausweichen in den öffentlichen Dienst, dem traditionell größten Arbeitsmarkt für Akademiker, der bisher ca. 60 % aller Akademiker aufgenommen hatte, wurde auch aus diesem Grunde schwieriger. Hinzu kommt eine gewisse Sättigung dieses Marktbereiches, speziell des Bildungsbereiches, aber auch der Verwaltung und der Justiz, die beide mit dem Aufbau des demokratischen Staatswesens seit 1945 erheblich ausgebaut wurden und inzwischen einen beachtlichen Stand erreicht haben. Dies alles vollzog — und vollzieht — sich bei erheblich steigenden Absolventenzahlen.

Dennoch: Die Lage der Akademiker auf dem Arbeitsmarkt ist pauschal gesehen auch heute immer noch günstiger, als die der Arbeitslosen insgesamt. Geht man von einer Zahl von etwa 1,16 Millionen Akademikern im Beschäftigungssystem aus, so kommt man zu einer spezifischen Arbeitslosenquote der Akademiker von gut 2 %. Die allgemeine Arbeitslosigkeit liegt dagegen z. Z. bei etwa 4 %. Sicherlich ist die Berechnung der spezifischen Arbeitslosenquote der Akademiker mit einigen Unsicherheiten behaftet, die Größenordnung zeigt aber, daß es den Akademikern — als Gruppe — noch relativ gut geht.

Dies mag zur generellen Situation genügen, jedenfalls soweit es die statistische Entwicklung betrifft.

Bei den Juristen sahen die entsprechenden Zahlen wie folgt aus: Im September 1973 hatten wir 450 arbeitslose Juristen. Die Zahl stieg dann parallel zu den Zahlen aller arbeitslosen Akademiker bis zum September 1976 auf 1 577 arbeitslose Juristen. Seit diesem Zeitpunkt stieg die Zahl der arbeitslosen Juristen nicht mehr an. So wurden im September 1977 1 568 arbeitslose Juristen gezählt. Die Zahl für Mai 1978 liegt bei 1 186 arbeitslosen Juristen.

Werfen wir nun noch einen Blick auf die Entwicklung der Arbeitslosigkeit bei den Lehrern.

Im Gegensatz zu dem Juristen, der in seinem beruflichen Ansatz relativ flexibel ist — er kann Richter oder Staatsanwalt werden, in die Verwaltung gehen, freiberuflich als Rechtsanwalt tätig werden oder auch in der Industrie, z. B. in der Rechtsabteilung —, ist der Lehrer wesentlich ärmer daran, seine Ausbildung zielt nämlich in erster Linie, oder besser gesagt, ausschließlich auf eine Tätigkeit als Lehrer. Die Auswahlmöglichkeiten sind daher sehr gering. Dies schlägt sich auch in den Zahlen nieder.

Im September 1973 waren es noch 753 arbeitslose Lehrer. Diese Zahl stieg dann rasch auf 3 913 arbeitslose Lehrer im September 1976 an, erreichte im Mai 1977 mit 7 145 arbeitslosen Lehrern den bis dahin höchsten Stand. Die Auszählung im September 1977 ergab eine Zahl von 5 702 arbeitslosen Lehrern, die dann wiederum im Mai 1978 auf 7 437 arbeitslose Lehrer stieg.

Zunächst sind die starken Schwankungen zwischen den Mai- und Septemberzahlen auffällig. Hinter diesen Schwankungen verbirgt sich nach unseren Feststellungen die Tatsache, daß die Kultusverwaltungen der Länder, die früher kontinuierlich Referendare einstellten oder doch mindestens zu zwei Terminen pro Jahr, dazu übergegangen sind, lediglich *einen* festen Einstellungstermin vorzusehen. Dies heißt im Klartext, daß diejenigen Lehrer, die mit ihrem 1. Staatsexamen unmittelbar nach dem jeweiligen Einstellungstermin fertigwerden, ein Jahr mehr oder weniger zwangsläufig arbeitslos sind, bevor sie überhaupt damit rechnen können, eine Referendarstelle zu erhalten.

Abgesehen von dieser interessanten Besonderheit ergibt ein Vergleich zwischen den Arbeitslosenzahlen der Juristen und der Lehrer, daß im September 1977 etwa viermal soviel Lehrer wie Juristen arbeitslos waren und diese Relation im Mai 1978 auf mehr als das Sechsfache gestiegen ist. Sicherlich muß man bei den Lehrern mit einer größeren absoluten Zahl rechnen, da die Zahl der ins Lehramt strebenden Studenten größer ist, als diejenige der Juristen. Dennoch zeigt auch dieser Vergleich, daß die Juristen von der Arbeitslosigkeit geringer betroffen sind.

Dies waren einige nüchterne Zahlen, die sicherlich nicht das Gesamtbild der Arbeitsmarktsituation für Juristen wiedergeben, jedoch zumindest die Größenordnung klarstellen.

Wie sieht nun die Situation der Juristen aus der Sicht der Vermittlung aus. Bei den folgenden Aussagen stütze ich mich auf die tägliche Erfahrung, und zwar meine eigene, die meiner Mitarbeiter, auf Gespräche mit Bewerbern, mit Arbeitgebern, mit Professoren, hin und wieder auch auf ein Gespräch mit einem Oberlandesgerichtspräsidenten und manche anderen Informationen und Indizien.

Zunächst einmal etwas Erfreuliches. Im täglichen Vermittlungsgeschäft haben wir im 2. Halbjahr 1977 eine gewisse Entspannung speziell des Juristenmarktes bemerken können. Im Vergleich zum 2. Halbjahr des Jahres 1976 nahm der Stellenzugang im 2. Halbjahr 1977 um 40 % zu. Die Verbesserung der Stellensituation hielt im 1. Halbjahr dieses Jahres an, möglicherweise ist die Steigerung sogar noch stärker ausgefallen. Genaue Zahlen liegen mir leider noch nicht vor. Der Bewerberzugang — wiederum 2. Halbjahr 1977 im Vergleich zum 2. Halbjahr 1976 — nahm um 25 % ab, die Relation von Stellen zu Bewerbern betrug jedoch dennoch 1 : 5. Das Vermittlungsergebnis konnte um fast 40 % gesteigert werden, immerhin konnten 200 Juristen von den Fachvermittlungsstellen der Bundesanstalt in diesem Halbjahr vermittelt werden.

Wie gesagt, die positive Tendenz setzte sich auch in diesem Jahre fort. Betrachten wir zunächst den Bereich des öffentlichen Dienstes. Hier ist man nicht gerade einstellungsfreudig, aber dieser Markt ist nicht so abgeschottet, wie das etwa noch Ende 1976 war. Es liegen uns beispielsweise Aufträge aus verschiedenen Ministerien vor, und auch die Oberlandesgerichte, die wir im Frühjahr telefonisch befragten, signalisierten für ihren Bezirk durchweg einen gewissen Bedarf. Desgleichen liegen uns Stellenangebote aus der Verwaltung vor, speziell aus dem Bereich der Finanzverwaltung sowie dem Bereich der Versorgungsämter. Die Crux ist, es werden durchweg Prädikatsexamina verlangt, zumindest jedoch *ein* vollbefriedigendes Examen.

Es ist verständlich und sicherlich auch richtig, daß man versucht, die besten Juristen zu bekommen. Die Frage ist nur: Was kennzeichnet einen guten Juristen, welcher ist wirklich der „Beste"! Kann man die besten Juristen wirklich nur an der Examensnote erkennen? —

Ich denke da an ein Gespräch mit einem Oberlandesgerichtspräsidenten, den ich daran erinnerte, daß es einmal eine Zeit gegeben habe, wo auch Juristen, die nur ein, zum Teil kein Prädikatsexamen aufzuweisen hatten, eingestellt wurden und fragte ihn nach den Erfahrungen, die man mit diesen Leuten gemacht habe. Die Antwort war: Eigentlich haben diese Leute recht gut eingeschlagen. —

Interessant war auch ein Gespräch mit der Personalreferentin eines Bundesministeriums, die darum bat, daß man ihr auch die Unterlagen von weniger guten Kandidaten zuschicken möge. Sie erhoffe sich von diesen Bewerbern mehr Beständigkeit, als von denjenigen Juristen mit 2 Prädikatsexamina, die meist mehrere Eisen im Feuer hätten. Auch diese Bemerkung zeigt, daß der Arbeitsmarkt für Juristen nicht ganz so schlecht ist, wie er manchmal von mehr oder weniger sachkundigen Leuten beschrieben wird.

In Gesprächen wurden als Hauptgründe für die Verbesserung des Arbeitsmarktes für Juristen in diesem Sektor einmal ein starker Altersabgang, aber auch die Aufhebung von Stellensperrungen angegeben. Gleichzeitig wurde jedoch betont, daß man noch nicht wisse, in welche Richtung die stellenplanmäßige Entwicklung gehen werde. Entscheidend scheint mir auch zu sein, daß die Zahl der fertigwerdenden Assessoren z. Z. rückläufig ist. Auf den Verlauf dieser Zahlen komme ich noch zu sprechen.

Zunächst jedoch ein Wort zur Situation im Bereich der Privatwirtschaft. Hier sieht es so aus, daß nicht nur der Ersatzbedarf befriedigt werden muß, sondern zum Teil auch neu geschaffene Stellen vorhanden sind. Die Schwerpunkte der Stellenangebote liegen bei Versicherungen, Banken und in den Rechtsabteilungen von Industriefirmen, ohne daß man bei der Industrie von einer ausgesprochenen branchenmäßigen Schwerpunktbildung sprechen kann. Es sind durchweg Firmen, die stark exportorientiert sind und aus dieser Tatsache ergeben sich auch Hinweise, welche Juristen besonders gesucht sind. So z. B. Juristen, die neben ihren juristischen Kenntnissen auch wirtschaftswissenschaftliche Kenntnisse haben, die beispielsweise mit ihrer Dissertation ein wirtschaftsrechtliches Thema behandelt haben und die Fremdsprachen — vorzugsweise Englisch und Französisch — beherrschen. Überhaupt ist der Trend, daß Fremdsprachen gern gesehen werden, nicht nur bei den Juristen festzustellen. Die Anfangsgehälter in der freien Wirtschaft beginnen etwa bei 36 000,— DM pro Jahr und erreichen nicht selten 45 000,— DM, in Einzelfällen liegen sie sogar noch darüber.

Mit einer Berufserfahrung von etwa 2 bis 3 Jahren erzielen manche Juristen in der Privatwirtschaft bereits Gehälter zwischen 55 000,— und 75 000,— DM pro Jahr.

Unsere Kontakte im Anwaltsbereich sind naturgemäß geringer als im Bereich der Wirtschaft. Es liegen uns Stellenangebote vor allem von großen Anwaltskanzleien vor. Die hier gesuchten Juristen sollten ebenfalls Prädikatsexamen und möglichst Schwerpunkte im Bereich des Wirtschafts- und/oder Steuerrechts haben. Bewerbern mit guten Kenntnissen im EG-Recht bzw. im Wirtschaftsrecht anderer Staaten bieten sich gelegentlich ebenfalls gute Möglichkeiten. Diese Angebote zielen jedoch in erster Linie auf Bewerber, die bereits etwas Berufserfahrung haben, wenn möglich auch im Ausland, und die über entsprechend gute Sprachkenntnisse verfügen.

Bewerber, die diese Qualifikation nicht mitbringen, haben kaum eine Chance. Man zahlt lieber etwas mehr und stellt jemanden ein, von dem man überzeugt ist, als jemanden, bei dem Zweifel bezüglich seiner fachlichen Qualifikation oder persönlichen Eignung bleiben.

Wo bleiben nun diejenigen Juristen, die nicht entsprechende Qualifikationen aufweisen können? Ein großer Teil dieser Juristen versickert bei den Versicherungen, z. B. als Schadenssachbearbeiter, was kaum von einem Juristen erstrebt werden dürfte, aber manchmal die harte Realität ist.

Ein weiterer Teil akzeptiert Tätigkeiten, für die das juristische Studium zwar keine notwendige Voraussetzung, aber doch eine Hilfe ist. Die Bundesanstalt für Arbeit hat beispielsweise z. Z. ca. 300 Akademiker in Funktionen beschäftigt, die dem gehobenen Dienst zuzuordnen sind. Etwa zwei Drittel davon haben allerdings zeitlich befristete Verträge. Von den Personen mit unbefristeten Verträgen sind es immerhin 52 Juristen, die überwiegend in der Widerspruchssacharbeitung bzw. mit anderen Angelegenheiten aus dem Bereich des Sozialrechtes beschäftigt sind.

Ein weiterer Teil versucht sich als Anwalt durchzuschlagen. Ein Indiz dafür, daß sich erheblich mehr junge Juristen als früher das Schild „Rechtsanwalt“ an die Tür heften oder für einen anderen Anwalt arbeiten, sind die Zulassungszahlen der Rechtsanwälte seit 1970.

Am 1.1. eines jeden Jahres waren als Rechtsanwälte zugelassen:

Jahr	Zahl der Zulassungen	Veränderungen in %
1970	22 883	—
1971	23 599	+ 3,1 %
1972	24 325	+ 3,1 %
1973	25 006	+ 2,8 %
1974	25 851	+ 3,4 %
1975	26 854	+ 3,9 %
1976	28 707	+ 6,9 %
1977	31 165	+ 8,6 %
1978	33 515	+ 7,5 %

Die Zahlen weisen eine ständige Zunahme der Zulassungen seit 1974 auf. So stieg die Zahl der Zulassungen — jeweils verglichen mit dem Vorjahr — 1974 noch um 3,4 %, 1975 bereits um 3,9 %, 1976 sogar um 6,9 % und 1977 — die bisher höchste Steigerungsrate — sogar um 8,6 %. 1978 ist die Steigerungsrate wieder auf 7,5 % gefallen.

Unsere Kenntnisse über den weiteren Verbleib von Juristen sind leider ziemlich unbefriedigend, wie ich offen gestehen muß. Zur Zeit wird jedoch von meinen Mitarbeitern eine Befragung aller derjenigen Juristen vorbereitet, die sich in den letzten Jahren mit der Bitte um Vermittlung an uns gewandt haben, die wir jedoch nicht vermitteln konnten und über deren Verbleib wir nichts Näheres wissen. Wir versprechen uns davon eine bessere Aussage über den Markt und hoffen, weitere Marktnischen für Juristen ausfindig zu machen.

Wir haben beispielsweise im letzten Jahr einen Lehrgang zusammen mit der Deutschen Gesellschaft für Personalführung durchgezogen, in dem jungen Juristen — meist Bewerbern mit ausreichenden Examina, die jedoch dennoch geeignet erschienen — die Möglichkeit geboten wurde, sich sowohl in der Theorie als auch durch praktische Mitarbeit in der Personalabteilung größerer Unternehmen in das Personalwesen einzuarbeiten. Von den 35 Teilnehmern haben heute 30 eine Arbeit, meist im Bereich des Personalwesens.

Sollten wir auf weitere Marktnischen stoßen, so sind ähnliche, auf die entsprechende Nische zugeschnittene Lehrgänge denkbar. Selbstverständlich muß man zunächst einmal wissen, wie aufnahmefähig diese Nische ist. Überschätzt man die Aufnahmefähigkeit, so helfen auch solche Kurse nicht weiter, sondern schaffen nur weitere enttäuschte Hoffnungen.

Nach dieser Schilderung der gegenwärtigen Situation der Juristen möchte ich nun zu dem Punkt kommen, der Sie wahrscheinlich am meisten interessiert: Wie wird es weitergehen, wie sind die Zukunftsaussichten der Juristen. Prophet zu spielen, ist immer ein denkbar unangenehmes und undankbares Geschäft. Kein Fachmann einer Bank wird Ihnen beispielsweise sagen können, wie die Aktien der Firma X in 5 oder 8 Jahren stehen, und das ist genau die Frage, die immer wieder, vor allem von den Studenten, an mich gerichtet wird. Derjenige, der heute sein Studium aufnimmt, möchte verständlicherweise wissen, wie seine Chancen auf dem Markt sind, wenn er sein Assessorexamen hinter sich hat. Abgesehen davon, daß die Vorhersage persönlicher Berufschancen nach meiner Erfahrung nicht möglich ist, sind auch Aussagen über den Markt über längere Zeiträume nicht möglich. Wer hätte beispielsweise 1973 vorhergesagt, daß es der Automobilbranche 1978 so gut geht, wie es ihr heute geht?

Das Wetter ist „nur“ von Naturgesetzen abhängig. Dennoch war man bis heute nicht in der Lage, eine verläßliche, langfristige Wettervorhersage zustandezubringen. Im Gegensatz hierzu unterliegt der Arbeitsmarkt nicht nur Naturgesetzen, sondern hier spielen auch politische und wirtschaftliche Entwicklungen sowie bildungspolitische Erwägungen eine erhebliche Rolle.

Es gibt zwar eine Menge Prognosen über den Bedarf hochqualifizierter Arbeitskräfte — gemeint sind Akademiker —, die jedoch alle nur so gut sind, wie die Daten, auf denen sie beruhen. Meist gehen diese Studien von der Volkszählung 1970 aus und sind bereits deshalb mit einem Handicap belastet.

Ferner kranken Arbeitsmarktprognosen an dem je nach Standort anders definierten Begriff des Bedarfes. Was ist der Bedarf? Ist es die Summe der Qualifikationen, welche die Gesellschaft braucht, um zu überleben und sich fortzuentwickeln? Wenn ja, wohin sollte sich diese Gesellschaft fortentwickeln? Welches ist das Ziel, das angestrebt wird oder angestrebt werden sollte? Gibt es hierüber überhaupt noch einen politischen Konsensus? Oder ist Bedarf das, was bezahlt werden kann? Sie sehen, bereits hier scheiden sich die Geister. Es gibt schließlich noch eine Reihe von kleineren Studien bzw. Hochrechnungen speziell zur Situation der Juristen; auch hier muß man jedoch, je nachdem aus welcher „Ecke“ eine derartige Prognose kommt, oft relativieren.

Es gibt jedoch dennoch einige Fakten und Zahlen, die zumindest die Größenordnungen deutlich machen und gewisse Schlüsse zulassen. Man kann z. B. aus den vorliegenden Zahlen der Studienanfänger die Größenordnung der in den nächsten Jahren zu erwartenden Assessoren ermitteln.

Geht man von den vom Statistischen Bundesamt registrierten Zahlen der Studienanfänger aus und nimmt man weiter an, daß zwischen

60 und 70 % der Studienanfänger erfolgreich mit dem 2. Examen abschließen, dann kommt man doch zu einer gewissen plausiblen Größe. Die folgende Tabelle mag dies verdeutlichen:

Studienbeginn	Zahl der Studienanfänger	voraussichtl. Prüfungsjahr	zu erwartende Zahl der erfolgreichen Kandidaten	
			60 vH	70 vH
1968	7 627	1977	4 576	5 339 (tatsächl. 4 716)
1969	7 744	1978	4 646	5 421
1970	5 881	1979	3 529	4 117
1971	5 215	1980	3 129	3 651
1972	7 229	1981	4 337	5 060
1973	8 598	1982	5 159	6 019
1974	10 300	1983	6 180	7 210
1975	10 014	1984	6 008	7 010
1976	ca. 12 000	1985	ca. 7 200	ca. 8 400

Die Annahme, daß etwa 60 % der Studienanfänger im Fachbereich Jura mit dem 2. Examen abschließen, erscheint mir wahrscheinlicher, als eine Quote von 70 %. Hierfür spricht auch die tatsächliche Entwicklung im Jahr 1977; so legten in diesem Jahr 4 716 Referendare ihr 2. Examen mit Erfolg ab, die bei 60 % errechnete Zahl betrug 4 576. Berücksichtigt man die sicherlich nicht geringe Zahl von „Parkstudenten", die nur deshalb Jura studieren, weil sie wegen des numerus clausus das gewünschte Fach nicht studieren können, so spricht eine gewisse Wahrscheinlichkeit dafür, daß sogar noch weniger als 60 % der Studienanfänger einmal ihr 2. juristisches Staatsexamen ablegen werden. Geht man einmal davon aus, daß die Quote bei etwa 60 % liegt, so ergibt sich folgendes Bild: Für die nächsten 2 Jahre 1979 und 1980 ist mit einem Rückgang des Angebotes an fertigen Assessoren zu rechnen. Ab 1981 steigt dann die Zahl der fertigen Assessoren wiederum erheblich an, um 1985 mit 7 200 Assessoren gut das Doppelte des heutigen Ausstoßes zu erreichen. Die Zahlen für 1985 kann ich jedoch nur mit einem gewissen Vorbehalt nennen, weil diese auf den Zahlen der Studienanfänger des Sommersemesters 1976 bzw. Wintersemesters 76/77 basieren und es sich bei diesen Zahlen um sogenannte vorläufige Zahlen handelt, die noch nicht bereinigt sind.

Betrachtet man also nur die Angebotsseite, so kann man sagen, daß damit zu rechnen ist, daß der Arbeitsmarkt für Juristen in den nächsten 2 bis 3 Jahren gar nicht so ungünstig aussieht, sich danach allerdings wieder verschärft.

Dies setzt allerdings voraus, daß der Markt weiterhin relativ aufnahmefähig bleibt. Für die Zeit nach 1981 läßt sich lediglich sagen, daß der Arbeitsmarkt für Juristen erheblich aufnahmefähiger werden muß, wenn jeder junge Assessor eine seiner Ausbildung entsprechende Stelle finden soll. Auch hier brauchte man die Gabe der Prophetie, um eine verläßliche Aussage zu machen.

Legt man die Berechnungen der HIS-Untersuchung zum durchschnittlichen Ersatzbedarf von Juristen zugrunde, der für die Jahre 1970 bis 1990 mit gut 2 000 Juristen pro Jahr ausgewiesen wird, so muß der Expansionsbedarf in den vergangenen Jahren pro Jahr mindestens in der gleichen Höhe gelegen haben, da auch in den vergangenen Jahren im Schnitt mehr als 4 000 junge Assessoren pro Jahr auf den Markt kamen und diese im wesentlichen aufgenommen wurden.

Ein Optimist könnte also schließen bzw. hoffen, daß der Markt weiterhin so aufnahmefähig bleibt, daß er die ansteigenden Assessorenzahlen „verdaut“. Ist man dagegen pessimistischer — wie ich meine realistischer — und rechnet nicht mit einem wesentlichen Zuwachs des Expansionsbedarfes, so kann man den Schluß wagen, daß etwa ein Drittel, maximal die Hälfte der Absolventen, damit rechnen muß, keinen dem Studium gemäßen Arbeitsplatz in den nächsten Jahren zu erhalten. Auf jeden Fall werden Juristen, die keine voll befriedigenden Studien- und Examensleistungen erbringen, sich darauf einstellen müssen, sich mit Positionen zufriedenzugeben, die zumindest nach bisherigem Allgemeinverständnis nicht der Ausbildung eines Juristen gemäß sind.

Folgt man der pessimistischen Version, so ist man versucht, in den Chor derjenigen einzustimmen, die das Wort vom akademischen Proletariat nur allzu locker im Munde führen. Ich möchte jedoch zunächst daran erinnern, daß die Behauptung, wir bildeten zuviele junge Menschen an den Universitäten aus, nicht neu ist. Ich erinnere an die Politik der Stände im Mittelalter. Dieses Naturschutzparkdenken ist auch in der heutigen Zeit einigen Berufsverbänden recht vertraut.

Es gib eine Untersuchung von Herrn Dr. Herlitz, es handelt sich um eine Promotionsarbeit aus Göttingen, die auch in Buchform und zwar als Taschenbuch beim Atheneum-Verlag veröffentlicht wurde und die den Titel trägt: Bildung als Standesprivileg. In diesem Büchlein finden Sie massenhaft Zitate aus dem 17. und 18. Jahrhundert, die in die Richtung gehen, man sollte doch lieber ein gescheit Handwerk lernen, denn studieren. Diese Zitate könnten genausogut den Medien der heutigen Zeit entnommen worden sein.

Auch in den 30er Jahren hatten wir eine erhebliche Arbeitslosigkeit von Akademikern. Aus manchen Gesprächen der letzten Jahre weiß ich, daß auch diese Leute meist mit ihrer Situation fertiggeworden sind und nicht selten sogar einen erheblichen beruflichen Aufstieg genommen haben. Ich habe in diesen Gesprächen immer wieder die Frage gestellt, ob diese Akademiker der Meinung seien, daß ihre berufliche Entwicklung auch ohne das Studium möglich gewesen wäre. Die Antwort war immer wieder: Nein!

Ich möchte ferner an die Horrormeldungen in der französischen Presse Ende der 60er Jahre erinnern, die darauf hinausliefen, daß man mit Juristen in Frankreich die Straße pflastern können werde. Auch diese Befürchtung ist offensichtlich nicht eingetreten. Mir ist zumindest kein derart „juristisches Pflaster" bekannt.

Ich möchte schließlich an die Zeit Anfang der 70er Jahre erinnern, als die Vereinigten Staaten ihr Raumfahrtprogramm zu kürzen begannen und sich der sogenannte brain-drain umkehrte. Unsere Fachvermittlungsstellen hatten damals einige Probleme, die zurückkehrenden Wissenschaftler erwartungsgemäß zu vermitteln. Dennoch fanden die meisten von ihnen eine ihrer Ausbildung und ihrer Erfahrung angemessene Position. Ich habe noch ein Gespräch im Ohr, das ich mit drei dieser Wissenschaftler vor einigen Wochen führte, die inzwischen in Kooperation miteinander ihre in den USA erworbenen Kenntnisse und Erfahrungen in Patenten ausgewertet haben und selbst der Meinung waren, daß sie davon nicht nur gut leben könnten, sondern mit dieser Lösung auch ausgesprochen zufrieden waren.

Die Flexibilität des Arbeitsmarktes und auch die der Arbeitsuchenden sind offenbar größer, als gemeinhin angenommen wird. Darauf deuten auch Erfahrungen in Schweden hin. Gespräche mit Kollegen der schwedischen Arbeitsverwaltung, die ich in der letzten Woche auf einer Arbeitstagung führen konnte, ergaben, daß auch dort Hochschulabsolventen relativ gering von der Arbeitslosigkeit betroffen sind. Eine Befragung von schwedischen Hochschulabsolventen, die zunächst eine nach ihrer Meinung „unterwertige" Beschäftigung gefunden hatten, ergab bei einer Wiederholung nach 3 Jahren, daß sich zu diesem Zeitpunkt ein erheblich größerer Teil nicht mehr unterwertig angesetzt fühlte.

In die gleiche Richtung — größere Flexibilität auf seiten der Bewerber und der Arbeitgeber als vermutet — weist auch eine Untersuchung von Herrn Tessaring, einem Mitarbeiter des Instituts für Arbeitsmarkt- und Berufsforschung der Bundesanstalt für Arbeit aus der letzten Zeit. Herr Tessaring hat anhand der Zahl der Hochschulabsolventen, die in den letzten Jahren die Universitäten verlassen haben, der Zahl der arbeitslosen Hochschulabsolventen und der aufgrund der Beschäftigtenstatistik bekannten Zahl derjenigen Hochschulabsolventen, die im gleichen Zeitraum eine abhängige Beschäftigung aufgenommen haben, herausgefunden, daß wesentlich mehr Hochschulabsolventen in Berufsbereiche eingesickert sein müßten, als vermutet. Zitat: „Diese Ergebnisse könnten darauf hindeuten, daß Hochschulabsolventen stärker als bisher angenommen, Arbeitsplätze in der Privatwirtschaft auf bisher „nicht akademischen Positionen“ gefunden haben und/oder daß sie im öffentlichen Dienst verstärkt in Laufbahngruppen unterhalb des höheren Dienstes eingemündet sind.“

Nun gut, so erfreulich das Ergebnis dieser Rechenarbeit ist, wohler wäre mir, wenn ich genau wüßte, wo die Akademiker im einzelnen geblieben sind. Sicher scheint mir zumindest eines: die Zeiten, daß fast jeder Jurist nach bestandenem Examen eine unmittelbar an das Studium anknüpfende Position finden konnte, sind vorbei. Es gibt auch keine Hinweise, daß sich diese Situation in Zukunft schlagartig ändern könnte.

Was könnte nun getan werden, bzw. was kann der einzelne tun, um diese Situation generell oder im Einzelfalle zu verbessern? Ich möchte mich hier nicht lange mit Globalerörterungen aufhalten, die in die Richtung gehen: Ankurbelung der Wirtschaft, Schaffung von mehr Arbeitsplätzen, bessere Verteilung der vorhandenen Arbeit usw. Daß derartige Maßnahmen im Hinblick auf eine generelle Lösung der Arbeitsmarktprobleme notwendig sind, erscheint mir unbestreitbar.

Ich möchte mich statt dessen lieber mit Überlegungen beschäftigen, welche in die Richtung gehen, wie man es den Akademikern generell und den Juristen speziell besser ermöglichen kann, leichter in andere Berufsbereiche einzudringen, die ihnen bisher mehr oder weniger verschlossen waren. Nur so kann im Grunde das, was mit der Bildungswerbung eigentlich bezweckt wurde, verwirklicht werden: Eine Verbesserung des Bildungsniveaus. Was nützt es der Gesellschaft und auch dem einzelnen Hochschulabsolventen, wenn diesem immer wieder erklärt wird: Hätten Sie ein Prädikatsexamen, dann würden wir Sie mit Handkuß nehmen. Für andere Tätigkeiten kämen Sie im Prinzip zwar auch in Frage und würden mit Ihrer Universitätsausbildung auch gute Voraussetzungen mitbringen, jedoch auch für diese Tätigkeit möchten wir Sie nicht einstellen, da wir uns keine Akademiker zweiter Klasse schaffen möchten. Schließlich werden Sie — was wir selbstverständlich auch verstehen — die nächste beste Gelegenheit wahrnehmen und uns verlassen, sobald Sie etwas Berufserfahrung haben und auf ein anderes, interessanteres Angebot stoßen.

Auf diese Argumentationsweise stößt man leider nicht nur im Bereich des öffentlichen Dienstes, wo die Schichtung gehobener Dienst/höherer Dienst ja zu Hause ist. Dieses „A 13-Syndrom" hat leider auch eine gewisse Leitfunktion in der Privatwirtschaft, vor allem bei größeren Unternehmen mit einem relativ starren Gehaltsgefüge und historisch gewachsenen Vorstellungen darüber, auf welchen Positionen man Akademiker einsetzen sollte. Gerade die größeren Unternehmen sind jedoch für die Akademiker insofern interessant, da sich hier mehr Aufstiegsmöglichkeiten bieten als bei kleineren Unternehmen, die nach unserer Erfahrung bei der Einstellung von Akademikern für Positionen, die bisher nicht mit Akademikern besetzt wurden, flexibler sind.

Würden wir die Schichtung des öffentlichen Dienstes insoweit aufheben, daß es auch einem Hochschulabsolventen, speziell einem Juristen, eher möglich wird, auch in Positionen in der Ebene des gehobenen Dienstes einzusteigen — selbstverständlich sofern er dafür qualifiziert ist —, so bestände nicht nur die Möglichkeit, auch für diese Ebene juristischen Sachverstand zu gewinnen, sondern eine solche Änderung würde auch die erwähnte Leitfunktion in der freien Wirtschaft — sicherlich nicht sofort — beseitigen.

Unterhält man sich mit Bildungspolitikern, so ist die Reaktion meist: Sie haben völlig recht, wir müssen das ändern, vor den Wahlen jedoch lieber nicht. Das erste Gespräch, das ich in dieser Angelegenheit mit Bildungspolitikern hatte, lag übrigens nicht vor den gerade stattgefundenen Landtagswahlen, sondern vor den letzten Bundestagswahlen.

Die Schichtung des öffentlichen Dienstes und das Festhalten an formellen Bildungsvoraussetzungen scheint mir im übrigen ein typisch deutsches Problem zu sein. Ich denke beispielsweise an die Tatsache, daß es in den USA einen Zusatz zur Verfassung gibt, der besagt, daß an die Einstellung für Positionen im öffentlichen Dienst keine formellen Bildungsvoraussetzungen geknüpft werden dürfen. Dies gilt mit wenigen Ausnahmen, wie z. B. bei Ärzten, die zweifellos berechtigt sind.

Wenn also die Struktur des öffentlichen Dienstes geändert würde, wäre ein Eindringen auch der Juristen in andere Positionen besser möglich.

Ein zweiter Punkt, der uns bei der Vermittlung von Hochschulabsolventen, die Einsicht in die Gegebenheiten des Marktes zeigen und durchaus bereit und geeignet wären, Tätigkeiten aufzunehmen, die unterhalb der „A 13-Linie" liegen, immer wieder Kummer bereitet, ist der sogenannte „Omnibuseffekt". Ich meine damit die Kehrseite unseres sozialen Systems, das stärker darauf gerichtet ist, den Beschäftigten seinen Besitzstand zu erhalten, als darauf, die Habenichtse in das Beschäftigungssystem zu integrieren.

Es ist mir zwar persönlich völlig verständlich, daß der Betriebsrat oder der Personalrat in erster Linie den Kollegen sieht und aufgrund seiner Funktion auch sehen muß, der sich von seiner Bewerbung einen beruflichen Aufstieg verspricht, und erst in zweiter Linie den Outsider, der ins Beschäftigungssystem hinein möchte und durch diese Tatsache die Aufstiegschancen des Insiders bedroht. Dieser Komplex war ja auch ein Thema des Juristentages. Leider wurde dieser Punkt, nach den Informationen, die ich bis jetzt habe, nicht unbedingt sachlich diskutiert.

Der dritte Punkt, der uns bei der Vermittlung von Hochschulabsolventen — nicht nur Juristen — immer wieder Kummer bereitet, hängt mit dem Bildungssystem und der gegenwärtigen Situation an den Hochschulen zusammen. Ich möchte ihn einmal den „Gewächshauseffekt" nennen.

Die Studenten erfahren ihre primäre Sozialisation durch die Hochschule. Die Wirklichkeit der Hochschule entspricht zum gegenwärtigen Zeitpunkt nicht gerade derjenigen des Arbeitslebens. Meinen Mitarbeitern und mir fällt in der täglichen Arbeit immer wieder auf, wie wenig dialogfähig viele Absolventen sind. Sie stecken zwar oft bis oben hin voller Wissen, sind jedoch nicht in der Lage, dieses Wissen sinnvoll umzusetzen, vor allem nicht in zielgerichteter Zusammenarbeit mit anderen. Manche Absolventen kommen mir vor wie Freischwimmer, denen man zwar ein Freischwimmerzeugnis ausgestellt hat, die jedoch bisher nur theoretisch gelernt haben, zu schwimmen, die man jetzt an den Rand des Schwimmbeckens stellt und ihnen sagt: Jetzt bitte schwimmt. Viele schaffen es, manche gehen jedoch unter. Bei manchen Hochschulabsolventen ist die Tatsache, daß sie zwar berufs*fähig*, aber noch nicht berufs*fertig* sind, so deutlich, daß keiner erst mit ihnen einen Schwimmversuch wagt, d. h. sie erst gar nicht einstellt.

Wenn ein Gärtner feststellt, daß die von ihm im Gewächshaus gezogenen Pflanzen den härter gewordenen Bedingungen im Freiland nicht gewachsen sind, so wird er logischerweise versuchen, die Bedingungen im Gewächshaus so weit wie nötig der rauhen Wirklichkeit anzupassen, damit ihm seine Pflanzen im Freiland dann später nicht eingehen.

Manche Studenten reagieren auf diese Situation so, daß sie noch länger im „Gewächshaus Hochschule" bleiben, zum Beispiel promovieren, obwohl sie bereits reichlich lange studiert haben, oder daß sie Zusatzqualifikationen ohne Überlegung sammeln, während ihnen das Wort Persönlichkeitsbildung offenbar als Fremdwort erscheint. Es hat beispielsweise keinen Sinn, wenn ein Jurist sich besondere Kenntnisse in Rechtsgebieten aneignet, die zwar für ein Unternehmen, das stark im Ausland investiert oder ins Ausland exportiert, interessant sein könnten und dazu auch noch die entsprechenden Sprachen lernt, wenn der Betreffende von der Persönlichkeit her nicht der Typ ist, der bereit und in der Lage ist, wenigstens für einige Jahre ins Ausland zu gehen.

Auf der anderen Seite reagieren auch viele Professoren auf diese Situation nicht dadurch, daß sie sich einmal darum kümmern, wie die wirklichen Bedingungen im Arbeitsleben sind, und sie versuchen auch nur sehr bedingt, ihre Studenten darauf vorzubereiten und im Sinne eines echten Dialogs überhaupt dialogfähig zu machen. Statt dessen verschanzt man sich nicht selten hinter dem Humboldtschen Bildungsideal und will einfach nicht wahrhaben, daß sich die Bedingungen im Freiland verändert haben.

Schließlich gibt es auch leider Professoren und auch andere Leute, die das Heil in der Schaffung von immer neuen, spezialisierteren Fachrichtungen suchen.

Ich weiß leider auch keine einfache, schnell durchsetzbare Lösung zu diesen drei genannten Komplexen. Auch gibt es hier sicherlich Aspekte, die von mir noch nicht oder in den Folgen noch nicht genügend bedacht wurden. Ich meine aber aufgrund der Erfahrung, daß dies diejenigen Problemkreise sind, über die wir in Zukunft stärker nachdenken müssen, wenn nicht das, was mit der Bildungswerbung an Positivem angestrebt war, sich ins Negative verkehren soll.

Was kann nun der einzelne Akademiker — der einzelne Jurist — tun, um seine persönlichen beruflichen Chancen zu verbessern?

Zunächst einmal sollte er sich darüber klarwerden, daß es genauso wenig, wie es einen Akademikermarkt gibt, den Akademiker an sich gibt. Auch Akademiker sind Menschen mit persönlichen Fähigkeiten — und Fehlern —, mit bestimmten Kenntnissen und Erfahrungen.

Hat dies der einzelne begriffen, so ist damit bereits ein wesentlicher Schritt getan. Ein weiterer wesentlicher Schritt ist der, daß man sich darüber rechtzeitig und gründlich informiert, was einen in der beruflichen Wirklichkeit eigentlich erwartet.

Ein Jurist sollte beispielsweise wissen, was sich hinter der Tätigkeit als Richter, als Staatsanwalt oder Rechtsanwalt wirklich verbirgt. Ich denke da manchmal an meine eigene Ausbildung zurück, bei der ich einmal Gelegenheit hatte, bei der Verteidigung eines Mannes mitzuwirken, der seine Kinder umgebracht hatte. Mir ging hier eigentlich zum ersten Mal deutlich auf, daß neben den juristischen Aspekten die sozialen, soziologischen und psychologischen Aspekte eine sehr große Rolle bei der Beurteilung des Falles und der Verteidigung des Mannes spielten. Man sollte auch einmal danach fragen, was sich hinter der Tätigkeit eines Juristen in der Rechtsabteilung eines Unternehmens, im Personalwesen oder bei einem Verband verbirgt. Es ist erstaunlich, wie wenig selbst fertige Assessoren über derartige Tätigkeiten wissen. Eine gute Basis für eine rechtzeitige Information sind oft die Hefte der von der Bundesanstalt für Arbeit herausgegebenen Reihe „Blätter zur Berufskunde". Diese allein reichen jedoch nicht aus, um die Wirklichkeit eines Berufsfeldes zu erfassen. Gute Ergänzungen sind die Berufsreportagen in der Zeitschrift „Uni" sowie die Wirtschaftsteile, Berufsseiten und Karrierespalten der großen Zeitungen und last not least die von der ZAV in unregelmäßigen Abständen herausgegebenen ZAV-Informationen über die Arbeitsmarktsituation einzelner Berufsfelder. Weitere Möglichkeiten, mehr über das spätere Berufsleben und das angestrebte Berufsfeld zu erfahren, sind die von Mitarbeitern der Zentralstelle für Arbeitsvermittlung durchgeführten arbeitsmarktorientierten Informationsveranstaltungen an den Hochschulen. Zum Teil laufen diese Veranstaltungen in Zusammenarbeit mit den Justizverwaltungen, meist im Rahmen der Arbeitsgemeinschaften an den Oberlandesgerichten.

Der beste Anschauungsunterricht ist natürlich eine praktische Tätigkeit (auch in den Semesterferien) in einem der angepeilten Bereiche. Ist dies nicht zu schaffen, können auch Gespräche mit Leuten, die in einem der angestrebten Bereiche tätig sind, eine wertvolle Hilfe sein.

Vielleicht noch eine kurze Schlußbemerkung: Das Studium lohnt sich nach meiner Überzeugung auch heute noch, sofern man erkennt, daß ein gutes Examen nur *eine* Voraussetzung für einen beruflichen Erfolg ist und daß man auch an sich selbst arbeiten muß.

Ich habe manchmal in Beratungsgesprächen den Eindruck, daß viele Absolventen das „sich quälen" verlernt haben.

Mir sagte neulich ein junger Assessor, dem ich klarmachen mußte, daß ihm für eine bestimmte Position gewisse persönliche Eigenschaften fehlen, spontan: Wollen Sie mich eigentlich dafür verantwortlich machen, daß ich in einer Wohlstandsgesellschaft großgeworden bin? Ich sagte: nein, ich muß Sie aber auf gewisse Konsequenzen dieser Tatsache hinweisen.

Ich hatte vor kurzer Zeit ein Gespräch mit einem jungen Unternehmer, der in den letzten Kriegswirren als Junge ein Bein verloren hat. Dies führte in vielen Situationen dazu, daß er um manches kämpfen mußte, was anderen in den Schoß fiel. Diese Tatsache führte — so sehe ich es — dazu, daß er einen ungewöhnlichen beruflichen Erfolg hatte und hat. In diesem Gespräch sprachen wir über die Chancengleichheit. Er meinte: Die Chancengleichheit besteht u. a. darin, daß man die Chance hat, in Situationen zu geraten, in denen man sich durchbeißen, sich bewähren muß.

Ich weiß nicht, ob gerade das nicht vielen jungen Absolventen heute fehlt! — Bitte verstehen Sie mich nicht falsch: Es kann so ein bißchen danach klingen, „gelobt sei, was hart macht"! Ich sehne jene Zeiten wirklich nicht wieder herbei.

Die Chance, sich in einer demokratischen Gesellschaftsordnung auch bei der Wahl seines Studiums, seines Berufes weitgehend selbst verwirklichen zu können, hat auch Risiken. *Ein* Risiko ist die Tatsache, daß mehr Bildung für viele gleichzeitig das berufliche Risiko für den einzelnen vergrößert.

Hierauf werden sich auch die Juristen einstellen müssen.

Rückkoppelungen zwischen Prüfung und Ausbildung, dargestellt an der Anrechnung von Ausbildungsnoten im Großen Staatsexamen

Von Walter Stiebeler

Das mir gestellte Thema will ich in vier Abschnitten erörtern. Im ersten Abschnitt möchte ich mich auseinandersetzen mit dem Spannungsbereich von Ausbildung und Prüfung. Im zweiten Abschnitt will ich kurz darstellen die geschichtliche Entwicklung der Anrechnung der Ausbildungsnoten in der Großen Staatsprüfung in dem Gemeinsamen Prüfungsamt der drei norddeutschen Länder Schleswig-Holstein, Bremen und Hamburg, dessen Präsident ich bin. Im dritten Abschnitt will ich etwas über die Erfahrungen mit dieser Anrechnung berichten und schließlich im vierten und letzten Abschnitt einen Ausblick in die Zukunft tun.

I.

Der Hamburger Professor Bull, ein Mitglied der damaligen hamburgischen Reformkommission Juristenausbildung, hat in einem Artikel: „Die Suche nach der reformgerechten Prüfungsorganisation“ aus dem Jahre 1976 folgendes geschrieben: „Über das Prüfungswesen kann bekanntlich die ganze Ausbildung gesteuert werden; ebenso bekannt ist, daß diese Fremdsteuerung negative Auswirkungen auf die Motivation der Studierenden hat. So lautet ein fundamentales Gesetz der Hochschuldidaktik: Die Prüfung soll sich an der Ausbildung orientieren und nicht die Ausbildung an der Prüfung.“

Diese Ausführungen nehmen im ersten Satz ein seit Jahrzehnten gerade von den Studierenden immer wieder gebrachtes Vorurteil auf. Im dritten Satz bringen sie ein Problem als Programm, das aber in der Prüfungspraxis fast aller Prüfungsämter der Bundesrepublik schon gelöst ist.

Es wäre ideal, wenn man eine Ausbildung ohne gesonderte Prüfung veranstalten könnte, und es wäre auch ein Idealbild, wenn man die Prüfung voll in die Ausbildung integrieren könnte. Beides ist nicht machbar: Ausbildung und Prüfung sind Gegensätze. Die Ausbildung ohne Prüfung zu veranstalten, würde bedeuten — so ähnlich wie in der Schule —, daß die Ausbilder zugleich Kontrolleure wären. Abgesehen davon, daß das Deutsche Richtergesetz einem solchen Bestreben Grenzen setzt, haben die Erfahrungen mit den sogenannten studienbegleitenden Leistungskontrollen der einstufigen Ausbildung, die das erste juristische Staatsexamen ersetzen, nicht gerade aufgezeigt, daß ein solcher Weg — Ausbildung ohne Prüfung — beschritten werden kann. Das zweite Idealbild würde bedeuten, den unbefangen arbeitenden Prüfling — oder besser Auszubildenden — durch einen Prüfer „vor Ort" zu beobachten, sozusagen die Prüfer in die Ausbildung zu entsenden. Das wäre eine Weiterführung der „Abschichtung", der Einschaltung von Elementen des Prüfungsverfahrens in die Ausbildung, nämlich eine ganze Prüfung „vor Ort". So etwas ist weder qualitativ noch quantitativ darstellbar. Da dieses Ideal nicht erreichbar ist, ist die von der Ausbildung abgespaltene Prüfung unverzichtbar. Die Verleihung der Befähigung zum Richteramt und zum höheren Verwaltungsdienst setzt eben aus Gründen des Gemeinwohls die besondere Feststellung der Eignung voraus.

Diese Prüfung ist erstens für einen erheblichen Teil der Absolventen der juristischen Ausbildung ein Lernanreiz: Gelernt wird, was geprüft wird.

Zweitens: Die Prüfung ist für die Ausbilder bedeutsam. Denn die Vielzahl der Auszubildenden bedingt einen großen Kreis von Ausbildern, die teils oder ganz überwiegend nicht einmal besonders für diese Aufgabe vorgebildet werden. Ohne ein Instrument wie das Prüfungsamt ist ein Mindestmaß an Einheitlichkeit des Ausbildungsergebnisses nicht herbeizuführen.

Drittens: Bei der großen Zahl der Ausbilder ist ein einigermaßen zuverlässiger Qualitätsvergleich ohne die staatliche Prüfung in einem klar geregelten Verfahren, in dem der Staat die Einhaltung bestimmter Mindestbedingungen sozusagen garantiert, nicht möglich.

Schließlich viertens: Die Prüfung nimmt Funktionen der Auslese wahr, sichert durch materielle Anforderungen einen Mindeststandard des Wissens und führt zur Vereinheitlichung der Beurteilungsmaßstäbe — darin liegt eine Standardisierung, die durch einen kleinen Kreis der Beurteilenden und durch gute Vergleichsmöglichkeiten bedingt ist.

Ich sagte also, es bleibt die Feststellung: Auf die Prüfung kann nicht verzichtet werden.

Die Rückkoppelung von Ausbildung und Prüfung läßt sich auf drei Ebenen verfolgen:

1. Die personelle Rückkoppelung

Alle Ausbilder zu Prüfern zu machen, ist

a) — so deutete ich es vorhin schon an — nicht möglich wegen der mangelnden Distanz. Der Prüfer muß Distanz zum Prüfling und zu seiner Leistung haben, der Ausbilder hat sie nicht.

b) möglicherweise rechtswidrig, weil Ausbildung und Prüfung Gegensätze sind und

c) realitätsfremd.

Aber es ist denkbar, daß alle Prüfer Ausbilder wären. Das verlangt eine qualitative und quantitative Eingrenzung des Kreises der Ausbilder-Prüfer. Aus dem Bestand der Ausbilder müßte eine erheblich geringere Auswahl, etwa auf den jetzigen Bestand der Prüfer, vorgenommen werden. Ob ein solches Modell funktionieren kann, dahinter würde ich ein Fragezeichen setzen. In Hamburg wagt man den Versuch innerhalb der einphasigen Ausbildung. Dort ist im Frühjahr dieses Jahres ein Ausbildungs- und Prüfungsamt für die einstufige Ausbildung geschaffen worden, dessen Präsident ich bin. Man will versuchen, zum Prüfer nur den zu bestellen, der auch Ausbilder ist. Ob das praktikabel ist, wird sich erst in den nächsten Jahren erweisen.

Hierzu läßt sich nämlich sagen: Ausbildung und Prüfung sind Gegensätze. Der Ausbilder will wissen, was der Referendar nicht weiß, um es ihm beizubringen. Der Prüfer will wissen, was der Referendar weiß, um zu entscheiden, ob es genug ist. Die Entscheidung, daß das Ausbildungsziel erreicht ist, ist zugleich eine Entscheidung über den Erfolg der Ausbildung. Diese Entscheidung kann der Ausbilder als solcher nicht unbefangen treffen.

Im Gemeinsamen Prüfungsamt der drei norddeutschen Länder Bremen, Hamburg und Schleswig-Holstein bestimmt der § 4 des Staatsvertrages den Zweck der Prüfung. Dort heißt es: „Die Große juristische Staatsprüfung hat die Aufgabe festzustellen, ob der Referendar zu selbständiger eigenverantwortlicher Tätigkeit in allen Bereichen der Rechts- und Verwaltungspraxis fähig ist." Nun kommt die Anweisung an die Prüfer: „Demgemäß soll geprüft werden, ob der Referendar zur Erfassung von Sachverhalten mit ihren rechtlichen, sozialen und wirtschaftlichen Grundlagen imstande ist, und ob er Aufgaben der beurteilenden und gestaltenden Rechtsanwendung methodisch bearbeiten und seine Ergebnisse sachgerecht begründen kann." Die Handhabung dieser Vorschrift setzt die Kenntnis der Berufsanforderungen voraus. Die Prüfung selbst verlangt die Feststellung, ob der Referendar diese Anforderungen erfüllt hat. Weshalb soll es eigentlich den Prüfer interessieren, *wie* es dazu gekommen ist, daß der Referendar den Anforderungen genügen kann?

2. Die inhaltliche Rückkoppelung

Dies ist die entscheidende Ebene. Inhaltlich können Ausbildung und Prüfung in vielfältiger Hinsicht Wechselwirkungen aufeinander auslösen. In Hamburg haben wir den Versuch, Lehr- und Lernziele festzusetzen. Vor etwa vier Jahren haben wir Lehr- und Lernziele für die Ausbildung bei den ordentlichen Gerichten und den Staatsanwaltschaften in Kraft gesetzt; danach haben wir eine Verfügung erlassen über die Ausbildung beim Rechtsanwalt, wo die Mindestanforderungen für diese Ausbildung niedergelegt sind, und schließlich haben wir gerade in diesen Tagen eine Verfügung über die Lehr- und Lernziele in der Ausbildung bei Verwaltungsbehörden erlassen, unter dem 4. September 1978. Die Zeit erlaubt es mir nicht, Einzelheiten aus diesen Lehr- und Lernzielkatalogen darzustellen. Ich muß mich darauf beschränken zu sagen, daß damit — auch — der Versuch der Herstellung einer inhaltlichen Wechselbeziehung zwischen Ausbildung und Prüfung gemacht wurde und wird.

Aber die Wahlmöglichkeiten, die der Referendar nach der Juristenausbildungsordnung hat, beeinträchtigen wieder die gegenseitige Einflußnahme von Prüfung und Ausbildung. So ist in Hamburg z. B. die Ausbildung beim Staatsanwalt nicht obligatorisch. Eine Relation kann ein Referendar — und das ist schlimm — mit wenig Geschick umgehen. Die Sonne Südamerikas kann er, wenn er es gut macht, ein Jahr genießen (Anwaltstation + Wahlstation, beide verlängert auf Kosten einer anderen Station um je zwei Monate) und doch gute Noten mitbringen, denn der ausländische Ausbilder kennt sich im deutschen Bewertungssystem nicht aus.

Auch der Zeitgeist ist in Rechnung zu stellen. Namentlich in Arbeitsgemeinschaften entwickelt sich eine Vorliebe für die Philosophie des Rechts oder das gesellschaftspolitische Umfeld des Rechts, eine Philosophie für die Hintergründe und Untergründe der Rechtsnorm.

Ich möchte hier nicht mißverstanden werden: Ich bin immer, seitdem ich Reform der Juristenausbildung mitbetreibe, ein Anhänger der Einbeziehung der Sozialwissenschaften in die juristische Ausbildung gewesen und nicht nur in die einphasige Ausbildung, sondern auch in die herkömmliche. Was ich aber mißbillige, ist dieses: Einher mit diesen Bestrebungen geht eine Verachtung der sogenannten Rechtstechnik, und das ist falsch. Die dadurch hervorgerufenen Mängel zeigen sich in der Prüfung.

Schließlich die dritte Ebene:

3. Die psychologische Rückkoppelung

Die Bereitschaft, Rückkoppelungseffekte zu erleben, muß bei Ausbildern, Prüfern und Auszubildenden bestehen. Daran fehlt es häufig. Statt dessen wird gelegentlich die Prüfung — auch von Ausbildern — verteufelt. Dazu gehört das Schlagwort — und jetzt greife ich wieder das eingangs von mir gebrachte Zitat aus dem Aufsatz von Professor Bull auf —, dazu gehört auch das Schlagwort von der Einbahnstraße. Gelehrt werde nur das, was geprüft werde. Diese Einbahnstraße gibt es längst nicht mehr, falls es sie überhaupt jemals gegeben hat. Es werden in der Prüfung keine Aufgaben gestellt, die nicht dem Berufsleben eines Juristen entstammen. Diese Prüfungsanforderungen empfängt die Prüfung sozusagen von der Ausbildung. Alles was in der Prüfung verlangt wird, kann der Referendar in der Ausbildung lernen, selbst das Gespräch in der mündlichen Prüfung, das, wenn es gut gemacht ist, der Beratung von Juristen über einen Rechtsfall ähnelt. Verschieden sind nur die Arbeitsbedingungen und die Arbeitsformen. Richtig ist — und von jedem Sachkenner wird das eingeräumt —, daß die Vielfalt des juristischen Lebens in der Prüfung nicht eingefangen werden kann, weder überhaupt im Repertoire eines Prüfungsamtes noch gar dahin, daß jeder einzelne Prüfling aller im Berufsleben möglichen Anforderung unterworfen wird. Die Prüfung ist die Endstation der Ausbildung. In der Prüfung erntet der Referendar das ab, was er in den Jahren zuvor erbracht, gesät und gepflegt hat.

Deutlich wird diese Funktion der Prüfung besonders für das erste juristische Staatsexamen durch die eingeführten Wahlfachkataloge. Die Wahlfächer sind sozusagen der Endpunkt der Spezialisierung in der Universitätsausbildung, und hier wird nun abgeerntet; hier werden in der Prüfung Punkte gesammelt; ich meine die Zusatzpunkte gemäß § 21 Abs. 4 hambJAO.

II.

Ich wende mich dem zweiten Teil zu, der geschichtlichen Entwicklung des in den norddeutschen Ländern Bremen, Hamburg und Schleswig-Holstein praktizierten Anrechnungsmodells.

Die frühen Reformansätze, insbesondere aus den Jahren 1967 und 1968, hatten das Ziel, ein Gleichgewicht zwischen Stationsausbildung, Arbeitsgemeinschaft und Prüfung herzustellen. Nebenprodukte der Arbeit der Reformkommissionen — in Hamburg gab es eine Reformkommission Juristenausbildung, die unter meinem Vorsitz arbeitete und 1970 das sogenannte Hamburger Modell über die Einphasenausbildung vorlegte — waren Vorschläge auch zur Verbesserung der herkömmlichen Ausbildung. Ein solcher Vorschlag empfahl die Anrechnung der Ausbildungsnote.

Wir haben damals nach Methoden gesucht, Ausbildungsergebnisse und -erfolge in die anders geartete Prüfungssituation einzubringen. Das sollte zum Abbau von Prüfungsangst beitragen.

Seit Bestehen des Gemeinsamen Prüfungsamtes in der gegenwärtigen Gestalt, also seit dem Jahre 1950, gab es eine Vorschrift der Prüfungsordnung, die so lautete:

§ 16 der Länderübereinkunft in der ursprünglichen Fassung. Überschrift: „Schlußberatung"

„Im Anschluß an die mündliche Prüfung berät der Prüfungsausschuß über das Ergebnis der Prüfung. Dabei sind auch die aus den Ausbildungsstationen des Vorbereitungsdienstes vorliegenden Arbeiten und Zeugnisse zu berücksichtigen."

In all den Jahren der Geltung dieser Vorschrift kam es zu Schwierigkeiten über das Wort: „zu berücksichtigen". Es wurde dieser Begriff aufgeteilt in einen *Zwang*, sich mit den Vornoten zu beschäftigen, und ein *Ermessen*, ob dies Folgen haben könnte für die Endnote. Es gab nun Prüfungsausschüsse, die die Vorzeugnisse zwar aufgrund des Vortrags ihres Vorsitzenden zur Kenntnis nahmen, aber dazu neigten, das Ergebnis der Prüfung nicht zu ändern. Es gab Prüfungsausschüsse, die Verbesserungen vornahmen, aber nur, wenn das Ergebnis der reinen Prüfung im Grenzbereich zweier Noten lag. Und es gab Prüfungsausschüsse, die recht weitherzig aus den Vornoten Konsequenzen für die Endnote zogen. Das war eine Ungleichbehandlung in dem an sich überschaubaren Gemeinsamen Prüfungsamt. Der Kandidat, der einen Prüfer oder einen Ausschuß oder einen Vorsitzenden antraf, der ein Gegner der Einbeziehung war, ging schlecht aus. Wer einen Befürworter der Einbeziehung fand, konnte eine Notenverbesserung und einen Sprung in die nächsthöhere Note erreichen. Dies wurde allgemein als unbefriedigend angesehen, und es wurden Lösungen gesucht, hier ein System der Quantifizierung der einzelnen Ausbildungsnoten mit einer wertmäßigen, genau errechenbaren Einbringung des Ergebnisses der Ausbildung zu schaffen.

Die erste Erwägung, so etwas zu tun, ergab eine leicht handhabbare Regel, die so aussehen sollte: „Ist die Prüfungsnote um eine Note schlechter als die Vorschlagsnote" — das ist im heutigen Sprachgebrauch die Ausbildungsnote —, „so ist die Vorschlagsnote, wenn sie ‚vollbefriedigend' oder besser lautet, die Gesamtbewertung".

Wenn dies unsere endgültige Vorschrift geworden wäre, so hätten wir uns die ganze Mathematisierung ersparen können. Es wären allerdings nur die Guten begünstigt worden. Gerade deswegen hat die

Reformkommission bei ihren Plenarberatungen eine solche Vorschrift abgelehnt und dafür eine 50 %-Anrechnung der Ausbildungsnote — Ihnen ist das allen bekannt — empfohlen, die eingeführt wurde aufgrund einer Vereinbarung aller im Gemeinsamen Prüfungsamt tätigen Prüfer. Das waren damals 85 Prüfer. Sie mußten alle überzeugt werden, sich einer solchen Vereinbarung anzuschließen. Der Überzeugungsprozeß dauerte etwa ein ¾ Jahr durch Einzelberatungen, durch vielerlei Verhandlungen, Zwischenentwürfe, Abstimmungen. Dann war es soweit, daß die Prüfer diese Vereinbarung schlossen, und sie wurde Anfang Juni 1970 in Kraft gesetzt und hatte eine Präambel, in der die Motive für diese Vereinbarung niedergelegt wurden. Die Präambel lautete:

„Aus der Erwägung, daß § 16 der Länderübereinkunft bei der Beratung über das Ergebnis der Prüfung die Berücksichtigung der aus den Ausbildungsstationen vorliegenden Arbeiten und Zeugnisse fordert,

nach § 4 der Länderübereinkunft das — nur während des Vorbereitungsdienstes nachweisbare — praktische Geschick des Kandidaten in der Erledigung der Geschäfte mit der Prüfung festzustellen ist,

der allgemein erhobene Wunsch nach einer größeren Berechenbarkeit und Transparenz der Examensergebnisse berechtigt ist,

der Wert der vor dem Gemeinsamen Prüfungsamt abgelegten Prüfung gegenüber vergleichbaren Prüfungen im übrigen Bundesgebiet aber keinesfalls — solange ein Großes Juristisches Staatsexamen gesetzlich vorgeschrieben ist — gemindert werden darf,

werden für den Eingang der Ausbilderzeugnisse in die Schlußentscheidung der Prüfungskommissionen folgende Grundsätze aufgestellt“

— und dann kamen sie im einzelnen; sie bewirkten, daß die Schlußnote der Prüfung zu 50 % durch die Ausbildungsnote bestimmt wurde, von gewissen Ausnahmen abgesehen.

Diese Grundsätze mit der 50 %-Anrechnung wurden etwa ein Jahr praktiziert und dann modifiziert, nachdem § 5 d des Deutschen Richtergesetzes die Anrechnungsmöglichkeit auf ein Drittel beschränkt hatte. Durch eine Neufassung des Staatsvertrages der drei norddeutschen Länder wurde diese Drittelanrechnung festgelegt, diesmal ohne Ausnahmen für alle, die überhaupt in die mündliche Prüfung gelangen. Aus dem Zustimmungsgesetz der Hamburger Bürgerschaft für die Ratifikation des Staatsvertrages möchte ich die Begründung zu diesem Punkt kurz vorlesen:

„Die Vorschrift (just diese Ein-Drittelanrechnung) macht dafür von der in § 5 d des Deutschen Richtergesetzes vorgesehenen Möglichkeit Gebrauch, Noten für Leistungen im Vorbereitungsdienst bis zu einem Drittel anzurechnen. Der zulässige Rahmen wird voll ausgeschöpft, weil sich die im Gemeinsamen Prüfungsamt seit dem 1. Juni 1970 sogar mit der Wertigkeit von fünfzig Prozent probeweise eingeführte Anrechnung weitgehend bewährt hat.“

Dann kommen Ausführungen über die sogenannte Meistbegünstigungsklausel, die bedeutet: Wenn einer in der Prüfung besser ist, als es die Ausbildungsnote anzeigt, so führt die Ausbildungsnote nicht zu einer Verböserung der Schlußnote, sondern dann ist die reine Prüfungsnote die Schlußnote.

Ich fasse zusammen zu diesem Abschnitt:

Tragende Gedanken bei der Einführung der Anrechnung der Ausbildungsnote in Hamburg — wobei ich mit Hamburg nun die Drei-Länder-Behörde Gemeinsames Prüfungsamt meine, die auch für die Referendare aus Schleswig-Holstein und Bremen zuständig ist, — waren die folgenden drei:

1. Eine Verbreiterung der Beurteilungsgrundlage.

   Statt der Momentaufnahme der Prüfung sollte ein Gesamtbild aus Ausbildung und Prüfung entstehen — zunächst im Verhältnis 1 : 1, dann 1 : 2 gemischt.

2. Der Kandidat sollte vom Prüfungsdruck entlastet und ihm sollte eine Chance geboten werden, das wirkliche Leistungsvermögen unverfälscht, weil eben unbefangener, in der Prüfung zu zeigen. Und schließlich:

3. Der Lernantrieb in der Ausbildung — daher also eine Frage der Rückkoppelung zwischen Ausbildung und Prüfung — sollte auf diesem Anrechnungsmodell beruhen; der Lernantrieb sollte auf die nicht unmittelbar examensrelevanten Bereiche der Ausbildung erstreckt werden durch Belohnung solcher Mühe mit der Anrechnung der Ausbildungsnote in der Prüfung. Damit sollte ein Impuls gegen gezieltes Trimmen auf die Prüfung ausgelöst und ein Gegengewicht gegen die notwendige, von den Prüfungsmitteln her gebotene Einengung der Prüfungsgegenstände geschaffen werden. Insbesondere steckte darin für die Referendare eine Ermutigung, Nachbarwissenschaften zur Kenntnis zu nehmen, den Umgang mit ihnen zu erlernen und ihre Ergebnisse in der Sphäre des Juristischen zu verarbeiten.

Damals hielten diese Anrechnung der Ausbildungsnote im Großen Staatsexamen alle, die sie schufen, für eine große Reformtat!

III.

Wie hat sich dieses Modell in der Rechtswirklichkeit bewährt?

Uns allen, die wir für diese Anrechnung der Ausbildungsnote eintraten, war bei der Schaffung klar, daß wir damit ein erhebliches Konfliktpotential mitübernahmen. Wir waren nur der Meinung, daß wir es mit kooperativen jungen Menschen und vor allem, daß wir es mit Ausbildern zu tun haben würden, die nun klar erkennen würden, daß sie zu Quasi-Prüfern gemacht worden waren. Was übrigens kein Widerspruch zu meiner Eingangsthese ist, daß man Ausbildung ohne Prüfung nicht machen könnte.

Aber in den vergangenen acht Jahren der Praktizierung dieses Anrechnungsmodells ist dieses Konfliktpotential doch in beträchtlichem Umfang aktualisiert worden.

Das möchte ich gerne jetzt an neun Punkten darstellen.

1. Die Gegenleistung ist ausgeblieben, die von Ausbildern und Auszubildenden erwartet wurde. Der Auszubildende überschätzt sich und wird darin durch gute Noten sogar noch bestärkt. Und auch die Ausbilder überschätzen sich, weil ihnen die Vergleichsmöglichkeiten fehlen. Der Referendar befindet sich in einer permanenten Konkurrenzsituation.

2. Ein Lernantrieb in nicht unmittelbar examensrelevanten Bereichen ist ausgeblieben. Der Lernantrieb in examensrelevanten Bereichen ist um der Note willen geschwächt worden. Lassen Sie mich das kurz begründen:

Anwaltstation und Wahlstation sind die kritischen. Bei nur fünf Stationen, die in der Regel zu durchlaufen sind, erhalten diese einen beträchtlichen Stellenwert für die Ausbildungsnote. Diese beiden Stationen zeigen die höchsten Noten überhaupt — auch bei schlechten Kandidaten.

Die Lernmöglichkeiten werden nicht genutzt. Das gilt gelegentlich auch für die Verwaltungsstation. Stationen werden nach der zu erwartenden Note ausgesucht, nicht nach der pädagogischen Befähigung des Ausbilders oder dem Interesse an seinem Arbeitsgebiet. Gelegentlich wird sogar auf den konkreten Ausbilder hin gelernt, um ihm zu gefallen. Examensrelevante Bereiche und für den Juristen entscheidende Bereiche — die Zivilrechtspflege insbesondere — werden aus denselben Gründen weniger genutzt oder um des Risikos der Beurteilung willen nicht optimal genutzt; strengere, aber gute Ausbilder werden gemieden, sie liegen brach, was ein Ausbildungsleiter eigentlich gar nicht hinnehmen kann, während Ausbilder mit guten Noten Wartefristen von 1½ Jahren haben können.

3. Die Beurteilungsgrundlage wurde zwar formal verbreitert, aber um den Preis der Zuverlässigkeit der Beurteilung. Ich sagte es eben schon, Ausbilder sind faktisch zu Quasi-Prüfern geworden. Ausbilder außerhalb des staatlichen Dienstes — z. B. Anwälte in England, Buenos Aires oder Frankreich — geben überwiegend „sehr gut" oder wenig-

stens „gut" und wissen nicht, welche Bedeutung ihre Note hat. Weil der Referendar ihnen gesagt hat, er muß ein „Gut" mit nach Hause bringen, schreiben sie es hin. Andere Ausbilder sind Druck ausgesetzt; Referendare handeln mit ihnen über die Note vor Beginn der Ausbildung oder schrecken Ausbilder ab durch nachträglichen Ärger in Gestalt von Widerspruch und Klage gegen angeblich ungute Beurteilungen. Ausbilder der staatlichen Behörden geben aus durchaus achtenswerten Motiven, um gleicher Behandlung willen nämlich, bessere Noten, als sie dem Referendar zukämen. Die Spirale wandert nach oben. Es hat ein nicht abschaltbarer Mechanismus eingesetzt. Aus dem von mir jährlich abgegebenen Bericht über die Angelegenheiten der Großen Staatsprüfung für das vergangene Jahr, für das Jahr 1977 (dieser Bericht wird allen Prüfern des Gemeinsamen Prüfungsamtes zugesandt), möchte ich über diese Entwicklung kurz zitieren:

Ich muß es mir versagen, Ihnen viel Statistik in diesem Kurzvortrag zu geben, ich möchte nur ein Zitat aus der Auswertung hier bringen:

„Die durchschnittliche Ausbildungsnote betrug im gesamten Bereich des Gemeinsamen Prüfungsamtes 12,04 Punkte." — Das ist oberes Vollbefriedigend mit Tendenz nach unterem Gut. — „Vergleicht man die auf die einzelnen Länder entfallenden Ausbildungsnoten miteinander, so läßt sich feststellen, das in Schleswig-Holstein ein weitaus geringerer Anteil der Kandidaten die Noten ‚sehr gut' bzw. ‚gut' erhielt, als in den beiden Stadtstaaten Hamburg und Bremen. Dort belief er sich auf fast 50 % bzw. 44 %, während in Schleswig-Holstein nicht einmal 17 % der Kandidaten die Noten ‚gut' bzw. ‚sehr gut' erhielten. Auffällig ist zudem, daß in Hamburg weniger als 2 % der Kandidaten eine Ausbildungsnote erhielten, die schlechter als ‚vollbefriedigend' war. Mehr als 98 % der hamburgischen Referendare müßten somit überdurchschnittlich qualifiziert gewesen sein."

Sie sehen daraus, daß sich das bundesweite Problem der Folgen der Anrechnung der Ausbildungsnote auf die Schlußnote nun noch splittet, überlagert wird durch ein norddeutsches Problem der Ungleichbehandlung im Gemeinsamen Prüfungsamt. Weil die Ausbilder in Schleswig-Holstein schärfer sind als in Hamburg und in Bremen, kommen die schleswig-holsteinischen Referendare, die sicherlich in toto nicht schlechter sind als die der beiden Stadtstaaten, in der Großen Staatsprüfung schlechter heraus.

Ein Teil der Ausbilder ist ohne sachliches Interesse an der Note und ihrer Wirkung auf das Prüfungsverfahren. Ausbilder des Auslandes, mögen sie in Südafrika oder in New York sitzen, sind gar nicht in der Lage und wollen es daher nicht, einen fördernden Beitrag zu leisten zur Zuverlässigkeit der Prüfungsentscheidung. Diese Frage ist für sie indifferent.

4. Statt Entlastung vom Prüfungsdruck entsteht ein permanenter Druck während der Ausbildung für die, die ehrlich bemüht sind. Sie

haben keine Atempause, es gibt keinen Umweg, keine Muße ohne meßbaren Ertrag für das Zeugnis. Wir haben also letztlich für die Guten eine Streßsituation geschaffen.

5. Die Steuerungsfunktion der Beurteilung im Vorbereitungsdienst hat gelitten. Referendaren wird ein Leistungsstand vorgetäuscht, den sie nicht haben. Inzwischen sind deutlich über 90 % — ich sagte es eben bei dem Zitat aus der Statistik — durch ihre Ausbildungsnote als überdurchschnittlich ausgewiesen. Wer im unteren Bereich des „Vollbefriedigend" abkommt, ist in Wahrheit nur schwacher Durchschnitt. Die Ernüchterung kommt in der Prüfung. Und sie kommt jetzt mit großer, beinahe vorauszuberechnender Stetigkeit. Wir haben im Bereich des Gemeinsamen Prüfungsamtes einen klaffenden Graben zwischen Ausbildungsnote und Prüfungsnote. Querulatorische Reaktionen entstehen wegen dieses Grabens, namentlich auf Prüfungsentscheidungen, aber auch auf Ausbilderzeugnisse, wenn sie einmal unter dem statistischen Durchschnitt liegen. Die Überzeugungskraft des Prüfungszeugnisses, der Prüfungsentscheidung selbst leidet.

6. Die Qualifizierungsfunktion der Prüfung ist gemindert: Hier taucht das spezielle Problem der Unterschiede innerhalb der Referendarschaft der drei norddeutschen Länder wieder auf. Da das Ob des Bestehens von der Anrechnung der Ausbildungsnote nicht abhängig ist, sind die Auslesefunktion und die Sicherung von Mindestanforderungen an das Ausbildungsergebnis nicht beeinträchtigt. Das möchte ich betonen: Wir haben eine Sperrklausel — § 15 der Prüfungsordnung —; danach muß ein Prüfling wenigstens die Hausarbeit oder zwei der vier Aufsichtsarbeiten mit „ausreichend", 4 Punkten, geliefert haben. Diese Sperrklausel bewirkt, daß im Durchschnitt im Gemeinsamen Prüfungsamt 10 % bis 13 % der Kandidaten durchfallen, ohne daß es zu einer mündlichen Prüfung noch kommt. Also, die Auslesefunktion ist nicht gemindert. Aber fast jeder, der die Hürde dieser formalen Mindestanforderungen nimmt, wird von der Ausbildungsnote in das „Befriedigend" gehoben, so daß das Schlußzeugnis „ausreichend" kaum noch vorkommt. „Ausreichend" ist für das Gemeinsame Prüfungsamt nur noch eine fast leere Spalte in der Statistik der Schlußnote.

Umgekehrt — und das ist das besonders Tragische dieser Anrechnung, weil die Guten geschädigt werden —, umgekehrt haben die Mathematisierung, wohl auch die Anonymität der Beurteilungen dazu geführt, daß die Note „gut" in die Größenordnung von 3 % im Gemeinsamen Prüfungsamt abgefallen ist und „sehr gut" fast überhaupt nicht vorkommt. Wir hatten in drei Jahren einmal einen Kandidaten mit „sehr gut". Die Mathematisierung stellt sich also im Ergebnis als Begünstigung der Schlechten oder nur Durchschnittlichen und als Schädigung der Guten heraus. Erlaubt muß es sein zu fragen, ob der hohe finanzielle und arbeitsmäßige Aufwand es lohnt — das ist nun ein ketzerisches Wort —, Prüfungsverfahren zu betreiben, die am Ende, wenn man die Quote derer, die endgültig scheitern, einerseits und die Prüflinge mit „gut" andererseits ausnimmt, für mehr als 90 % der Prüflinge nur zwei Leistungsstufen ausweisen. Dann könnte man fast ebensogut zu „bestanden" übergehen, wie es in der Einphasenausbildung in Bremen praktiziert wird.

Jetzt werde ich mich mehr auf Thesen ohne Begründung beschränken. Ich glaube, ich kann es auch deswegen tun, weil jetzt Thesen kommen, die eigentlich einer ergänzenden Begründung nicht bedürfen.

7. Der Mangel an Distanz zwischen Auszubildenden und Ausbildern wurde verstärkt. Es hat mich erhebliche Mühe gekostet, das Duzen zwischen Ausbildern und Auszubildenden in den Arbeitsgemeinschaften rigoros zu unterbinden; und ich war ganz froh, daß mir dieses gelungen ist, so glaubte ich; ich höre nun aus einer hamburgischen Arbeitsgemeinschaft, daß man zu folgendem System übergegangen ist, man nennt sich bei Vornamen, auch den Ausbilder mit Vornamen, und sagt dann „Sie"; auch das habe ich nicht gewollt.

8. Die Homogenität der Ausbilder ist gestört. Dies wäre ein weites Feld gerade auch soziologischer und statistischer Betrachtung, ich möchte mir das schenken. Die Ausbilder sind nicht mehr *die* Ausbilder, die wir noch vor einigen Jahren hatten.

9. Auch jetzt muß ich mich auf Stichworte beschränken, obgleich dies wieder ein sehr weites Feld ist: Die Aktivitäten der Referendarvertreter entwickelten sich zu Störfeldern. In Hamburg hat der Ausbildungspersonalrat für Referendare, der nach dem hamburgischen Personalvertretungsgesetz gebildet worden ist, eine Ausbilderkartei — einige von Ihnen werden das in der Presse gelesen haben — geschaffen, eine Ausbilderkartei, wo anonym bleibende Referendare über ihre Erfahrungen mit den Ausbildern berichten. Das ist sicherlich unzulässig, unzulässig schon wegen des Persönlichkeitsschutzes der Ausbilder; aber der Ausbildungspersonalrat ist nicht bereit, das so ohne weiteres aufzugeben. Es hat erheblicher Anstrengungen, die über ein halbes Jahr gelaufen sind, bedurft, um jetzt endlich zu aussichtsreichen Verhandlungen mit diesem Ausbildungspersonalrat zu kommen, durch die erreicht werden soll, daß die bisherige Form dieser Kartei aufgegeben und das Informationsbedürfnis der jung eintretenden Referendare auf andere Weise befriedigt wird. Die Verhandlungen laufen noch.

Das alles, es sind neun Punkte, heißt, daß wir etwas versäumt haben vor acht Jahren. Wir haben es versäumt, Sicherungen einzubauen in das Modell, und wir waren zu gutgläubig. Dieser Einbau der Sicherungen muß auf jeden Fall nachgeholt werden. Das Dilemma zwischen Ausbildung und Prüfung, nun komme ich zu dem ersten Teil zurück, ist trotz der Anrechnung der Ausbildungsnote auf die Schlußnote weiter vorgegeben. Die Ausbildung richtet sich weiterhin zu eng auf die Prüfung aus. Die Prüfung bringt notwendigerweise nur einen Ausschnitt der Berufsanforderungen. Nichts ist entgegen den Erwartungen überwunden. Die Anrechnung der Ausbildungsnote hat bewirkt, daß die Ausbildung zur Quasi-Prüfung mutierte. Die Erfahrung und die Beurteilung der Bedingungen lassen darauf schließen, daß sich daran nichts ändern wird.

Immerhin: Alles was in der Prüfung im Gemeinsamen Prüfungsamt verlangt wird, entstammt der beruflichen Praxis. Wer eine wirklich ernsthafte Vorbereitung auf diese Prüfung betreibt, der wird auch und sozusagen nebenbei die Fertigkeiten erlernen, welche über die Prüfungsinhalte hinaus für den Beruf nötig sind. Das alles könnte auch geschehen ohne Anrechnung der Ausbildungsnote. Diese Anrechnung führt streng genommen zu einer Täuschung. Das Prüfungszeugnis verlautbart, die Prüfung sei so oder so bestanden. In Wirklichkeit basiert diese Aussage zu einem Teil auf den außerhalb der Verantwortlichkeit der Prüfer und des Prüfungsamtes zustande gekommenen Noten anonymer Personen, eines Advokaten in der Provence mit unleserlicher Unterschrift.

Richtiger Ansatz — aus heutiger Sicht — wäre gewesen, den Ausspruch über die Befähigung zum Richteramt und höheren Verwaltungsdienst offen zu gründen auf Bewährung in Ausbildung und punktueller Prüfung. Und damit leite ich zum letzten Teil über:

IV.

Sie könnten vermuten, daß ich mich gewandelt hätte, daß ich aus einem Befürworter des Anrechnungsmodells zu einem Gegner eines solchen Modells geworden wäre. Das wäre falsch. Ich sagte es eben schon, die Prüfungszeugnisse enthalten eigentlich eine unwahre Aussage. Der idealistische Ansatz aus der Reformbewegung 1969 - 1972 ist den Reformern entglitten. Der damals den Auszubildenden gewährte breite Vertrauensvorschuß wurde nicht eingelöst. Zwar kann das Dilemma zwischen Ausbildung und Prüfung durch Gestaltung der Prüfungsaufgaben gemindert werden, aber dies reicht nicht aus, solange Prüfungsergebnisse verzerrt werden.

Es bieten sich zur Lösung insgesamt fünf Maßnahmen an.

1. Die radikalste wäre die Abschaffung der Anrechnung der Ausbildungsnote auf die Schlußnote. Diesen Weg sind die beiden Länder Rheinland-Pfalz und Saarland gegangen. Die Länder Bayern und Baden-Württemberg haben von Anfang an eine Anrechnung nicht vorgesehen.

Diesen radikalen Weg zu beschreiten, empfehle ich nicht.

2. Ein zweiter Weg wäre, Exekutivmaßnahmen vorzusehen:

a) Man könnte den Ausbilderbestand verringern; nur dann kann man als Leiter der Ausbildung Einfluß auf die Ausbilder nehmen, wenn sie einen überschaubaren Kreis bilden. Es müßte also die Ausbildung im Ausland behutsamer wahrgenommen werden. Es müßte der Ausbilderbestand auf einen kleinen Kreis reduziert werden, der nur die Ausbilder umfaßt, die etwa gleiche Anforderungen stellen. Das ist in Hamburg bei 900 Referendaren nicht möglich.

b) Es müßte versucht werden, die Stabilität der Ausbildung in den Arbeitsgemeinschaften über die Arbeitsgemeinschaftsleiter zu festigen. Das versuche ich fortlaufend. Man müßte auch hier die Wahlmöglichkeiten einschränken. Ich meine, auch solche Exekutivmaßnahmen sind nicht angebracht, weil sie keine durchgreifenden Ergebnisse zeitigen könnten.

3. Der dritte Punkt könnte sein, die Anrechnungsquote zu reduzieren, statt $^1/_3$ nur $^1/_4$ oder $^1/_5$ oder $^1/_6$ zu nehmen, um eben den Einfluß des Schwundes der Aussagekraft der Ausbildungsnote auf die Schlußnote zu reduzieren. Auch dieses empfehle ich nicht.

4. Und viertens wäre denkbar, eine dynamische Anrechnung der Ausbildungsnote vorzusehen. Das wäre eine strukturelle Maßnahme. Jährlich könnte die durchschnittliche Ausbildungsnote festgestellt werden. Bei einer Ausbildungsnote des Referendars unter dem Durchschnitt findet keine Anrechnung statt, bei überdurchschnittlicher Ausbildungsnote je nach Entfernung vom Durchschnitt eine stufenweise Anrechnung bis zu einem Drittel. Das wäre ein durchaus praktikables Modell. Es begünstigt aber nur die Guten und die Schlechten nicht; vom Gleichheitssatz her lassen sich gegen ein solches Modell Bedenken erheben.

5. Es gibt also letztlich aus meiner Sicht eines Leiters der Ausbildung und Chefs eines Prüfungsamtes nur einen Weg, wenn man im Grundsatz — und das tue ich immer noch — die Anrechnung der Ausbildungsnoten im Examen bejaht. Wir müssen mit dem Konfliktpotential, das nun in immer größerem Maße aktualisiert worden ist, fertig werden, und wir könnten es auf folgendem Wege: Im Prüfungszeugnis, das dem Kandidaten in die Hand gegeben wird, werden offen

drei Noten ausgewiesen, die *Ausbildungsnote,* die *Prüfungsnote* und dann eine mittels der Ein-Drittelanrechnung ausgebrachte *Schlußnote.* Der Assessor erhält also in Zukunft ein Dreier-Zeugnis.

Als ich vor etwa drei Jahren sah, daß sich die Entwicklung so anbahnte, wie ich sie dargestellt habe, habe ich versucht, im Exekutivwege ein solches Zeugnis einzuführen. Die drei Länder, die die Aufsicht über das Gemeinsame Prüfungsamt haben, haben dieser Absicht widersprochen, weil sie meinten, es fehle an der gesetzlichen Grundlage; die politischen Chancen, zu einer Änderung der Prüfungsordnung zu kommen, wurden damals gleich Null bewertet.

Ich habe das hinnehmen müssen und habe folgendes eingeführt: *Auf Antrag* des Referendars wird auch heute schon ein solches Zeugnis — allerdings neben dem Zeugnis über die Schlußnote — erteilt. Den Antrag stellen natürlich nur die Guten, so daß der Effekt, den ich mit einer Generalregelung erzielen wollte, nicht eintreten kann.

Ich werde, das ist das Fazit meiner Überlegungen, die ich mir zu diesem Problem gemacht habe und die ich in diesen kurzen Vortrag habe einfließen lassen, deshalb wiederum an die drei das Gemeinsame Prüfungsamt tragenden Ministerien herantreten und sagen, es muß ein Stop dieser Inflation der Ausbildungsnote mit der Verzerrung der Schlußnote gesetzt werden, und ich werde anregen, nun doch konkrete Maßnahmen zur Änderung des Staatsvertrages zu ergreifen.

Lassen Sie mich schließen mit einem Johann Wolfgang von Goethe zugerechneten Zitat, das Josef Hofmiller berichtet über Goethes Erfahrungen mit der Reform der Kriegskommission und der Verwaltung des Wegebaues.

Dies soll Goethe im Februar 1779 gesagt haben: „So schwer ist der Punkt, wenn einem ein Dritter etwas rät oder einen Mangel entdeckt und die Mittel anzeigt, wie dieser behoben werden könnte. Weil so oft der Eigennutz der Menschen ins Spiel kommt, die nur neue Etats machen wollen. Durch diese wiederholten Erfahrungen wird man so mißtrauisch, daß man sich fast zuletzt scheut, den Staub abwischen zu lassen. In keine Lässigkeit und Untätigkeit zu fallen, ist deswegen schwer."

Übertragen auf die heutige Situation eines geplagten Leiters der Juristenausbildung und Chefs eines großen Prüfungsamtes bedeutet das, Staub muß abgewischt werden! Es wäre aber verfehlt, die ganzen Schuhe wegzuwerfen, nachdem diese staubig geworden sind.

Rückkoppelungen zwischen Prüfung und Ausbildung, dargestellt an der Anrechnung von Ausbildungsnoten im Großen Staatsexamen

Von Bruno Hülbusch

Herr Dr. Stiebeler hat die Problematik der Ausbildungsnote, das Für und Wider der Ausbildungsnote unter den verschiedensten Aspekten ausgebreitet. Dem ist vom Grundsätzlichen kaum etwas hinzuzufügen. Wenn ich vom Veranstalter gebeten worden bin, aus der Sicht des Landes Rheinland-Pfalz hier noch einige ergänzende Ausführungen anzufügen, so ist das, wie Herr Professor Merten eben schon angedeutet hat, nicht einfach eine freundliche Geste gegenüber dem Sitzland der Hochschule, sondern es hängt wohl damit zusammen, daß Rheinland-Pfalz hier im Bereich „Ausbildungsnote" besondere Erfahrungen einzubringen hat, insofern nämlich, als Rheinland-Pfalz neben dem Saarland das einzige Bundesland ist, das die Anrechnung der Ausbildungsnote zwar nach dem Vorbild der norddeutschen Länder ebenfalls eingeführt, aber inzwischen wieder abgeschafft hat. Ich möchte mich deshalb bei meinen Ausführungen darauf beschränken, über die dabei in Rheinland-Pfalz gewonnenen Erfahrungen kurz zu berichten, soweit man im jetzigen Zeitpunkt überhaupt schon in der Lage ist, ein Fazit zu ziehen. Vielleicht zum besseren Verständnis zunächst ein kurzer Überblick über die Entwicklung in Rheinland-Pfalz.

Wir haben zum 1. 1. 1971 nach dem Vorbild der norddeutschen Länder die Anrechnung der Leistung des Referendars im Vorbereitungsdienst auf die Gesamtnote eingeführt, und zwar mit 30 % von Anfang an. Diese Regelung wurde beseitigt durch eine Änderungsverordnung zu unserer JAPO im März 1975. Übergangsrechtlich wurde dort gesagt, daß die Referendare, die damals schon im Vorbereitungsdienst standen, weiterhin nach altem Recht ausgebildet und geprüft werden sollen, also mit Anrechnung der Ausbildungsnote. Das bedeutete, daß wir bis etwa Anfang 1977 mit der Ausbildungsnote lebten, also über einen Erfahrungsbereich von etwa 6 Jahren zurückblicken, ab Frühjahr 1977 nunmehr nach dem neuen System ohne Ausbildungsnote verfahren. Wir haben seitdem drei Prüfungskampagnen ohne Anrechnung der Ausbildungsnoten hinter uns gebracht. Sie wissen, wir haben in Rheinland-Pfalz das Kampagnensystem — zwei Prüfungskampagnen im Jahr —. Der Erfahrungsbereich von drei Prüfungskampagnen nach neuem System mag vielleicht noch etwas zu knapp sein, um eine abschließende Bewertung vornehmen zu können. Aber es lassen sich doch schon einige Entwicklungen erkennen, die sich als direkte Folge der Änderung unseres Prüfungssystems abzeichnen.

Zunächst noch ein Blick zurück auf die Erwägungen und Überlegungen im Zusammenhang mit der bei uns eingetretenen Änderung des Systems. In der amtlichen Begründung des Entwurfs einer Landesverordnung, durch die die Anrechnung der Ausbildungsnote wieder beseitigt werden sollte, wurde ausgeführt, daß die im Landesbereich seit 1971 mit der Anrechnung gewonnenen Erfahrungen negativ gewesen seien. Im Grunde sei eigentlich schon der gedankliche Ausgangspunkt der Anrechnung verfehlt, denn Zweck jeglicher Prüfung sei es, den Leistungsstand nach abgeschlossener Ausbildung festzustellen, und dem widerspreche es, wenn man in die Prüfungsnote Aussagen über einen Zwischenleistungsstand einfließen lasse. Rechtlich problematisch sei eine solche Regelung auch unter dem Gesichtspunkt der Chancengleichheit, denn es gäbe nun einmal Referendare, die sich schneller in die praktische Rechtsanwendung einarbeiten, andere brauchen eine längere Zeit; obwohl beide am Ende des Vorbereitungsdienstes vielleicht denselben Leistungsstand haben, sei die Ausbildungsnote des Spätstarters zwangsläufig niedriger. Insofern erscheine das System schon vom gedanklichen Ausgangspunkt problematisch.

Im übrigen wird weiter ausgeführt, daß die mit einem mathematisch fixierten Stellenwert vorgenommene Anrechnung der Leistungen im Vorbereitungsdienst sich keineswegs ausbildungsintensivierend erwiesen habe, wie es ursprünglich erwartet worden sei. Da darf ich darauf verweisen, was Herr Dr. Stiebeler eben schon ausgeführt hat. Die Erfahrung hat gezeigt, daß etwa im Bereich der Wahlstation die Auswahl des Ausbildungsanwaltes sehr unter taktischen Gesichtspunkten zu erfolgen pflegte und nicht unter dem Gesichtspunkt der besseren Ausbildung. Auch hat sich etwa bei uns gezeigt, daß die Mitarbeit in den Arbeitsgemeinschaften, eine sehr wichtige Funktion bei der Ausbildung, darunter gelitten hat. Die Referendare haben eine Klausur mitgeschrieben. Wenn diese gut war, haben sie keine weiteren Klausuren mehr mitgeschrieben, um sich die Note nicht zu verderben, obwohl sie selbst wußten und erkannten, wie wichtig hier die Übung im Klausurenschreiben, etwa in der Arbeitsgemeinschaft, ist. Als besonders fragwürdig hat sich der Grundsatz der Anrechnung unter dem Gesichtspunkt erwiesen, daß durch dieses Institut der Leistungsgedanke verfälscht oder verzerrt wird. Auch hier kann ich an das anschließen, was Herr Dr. Stiebeler ausgeführt hat. Die Erfahrungen in unserem Landesbereich waren weitgehend ähnlich. Es wurde festgestellt, daß die Beurteilung der Referendare in den einzelnen Ausbildungsabschnitten vielfach zu undifferenziert und zu hoch war und keine Aussagekraft hinsichtlich des wirklichen Leistungsstandes der Referendare hatte. So kamen etwa 85 % der Referendare mit den Ausbildungsnoten gut und vollbefriedigend zur zweiten Staatsprüfung; es wurde also ein Anteil von überdurchschnittlichen oder erheblich überdurchschnittlichen Leistungen bescheinigt, der nach allen Erfahrungen und Kenntnissen im Ausbildungs- und Prüfungsbereich absolut unrealistisch ist. Die Note ausreichend war im Bereich der Ausbildungsnote praktisch nicht anzutreffen.

Der Umstand, daß diese Beurteilung der Leistungen im Vorbereitungsdienst undifferenziert und viel zu hoch war, hat sich dann in der Prüfung immer wieder bestätigt. Die Gesamtnote der schriftlichen Prüfung lag für sich allein genommen durchweg um eine bis zwei Notenstufen — das sind bei uns drei bis sechs Punkte — unter der Ausbildungsnote, so daß nach Einrechnung der Ausbildungsnote letztlich das Prüfungsergebnis in der Prüfungsgesamtnote immer noch etwa zwei bis vier Punkte oder eine Notenstufe unter dem Niveau der Ausbildungsnote blieb.

Die Einrechnung der Ausbildungsnote hat damit zu einer starken Nivellierung des Notensystems und zu einer Ballung der Prüfungsergebnisse im Bereich der Notenstufen befriedigend und vollbefriedigend geführt. In den Jahren 1971 bis 1976 — in denen wir mit der Ausbildungsnote gearbeitet haben — haben in Rheinland-Pfalz im Schnitt etwa 33 % der Referendare das Examen mit vollbefriedigend bestanden, etwa 57 % mit befriedigend, ausreichend nur noch 5 % etwa, das bedeutet etwa 90 % im Bereich befriedigend—vollbefriedigend.

Dieser nivellierende Effekt hat besonders den guten Referendaren geschadet, deren bessere Qualifikation im Vergleich zu den anderen damit nicht mehr deutlich heraustritt, — unter dem Gesichtspunkt des Leistungsgedankens eine sehr fragwürdige Folge. Im übrigen ist auf diese Gefahr der Ausbildungsnote bereits im Jahr 1971 im Rahmen der Beratung des späteren § 5 d im Rechtsausschuß des Deutschen Bundestages mehrfach hingewiesen worden.

Diese Erwägungen, aus denen bei uns die Anrechnung der Ausbildungsnote mit einem mathematisch fixierten Stellenwert abgeschafft wurde, werden heute aus fast allen Bundesländern, die die Ausbildungsnote noch haben, in dieser oder ähnlicher Form bestätigt, auch aus Ländern, die an der Regelung z. Z. noch festhalten.

Wie bereits erwähnt, haben bei uns inzwischen nach Abschaffung der Ausbildungsnote drei Prüfkampagnen nach neuem Recht stattgefunden, in denen jeweils rd. 100 Kandidaten geprüft wurden, von wenigen Ausnahmen abgesehen (Referendare, bei denen sich die Ausbildung verzögert hatte, und die nach altem Recht geprüft wurden) also Kandidaten, bei denen das Prüfungsergebnis jetzt ohne Anrechnung der Ausbildungsnote zustande kam. Wenn man hier versucht, aus dem Vergleich der Prüfungsergebnisse nach altem und nach neuem Recht Erkenntnisse zu ziehen, kann man tatsächlich doch schon einiges feststellen. In diesen drei Prüfungskampagnen seit 1977 haben wir, wenn ich etwas vergröbern darf, bei den Prozentzahlen ungefähr folgende Mittelwerte erzielt:

Examen mit gut	2 %
vollbefriedigend	18 %
befriedigend	51 %
ausreichend	25 %
nicht bestanden	4 %.

Ich darf vielleicht noch einmal erwähnen, wie es vorher ausgesehen hat. Damals hatten wir:

befriedigend	33 %
ausreichend	5 %.

Dies nur als wesentliche Daten.

Es wäre sicher verfrüht, aus diesen Entwicklungen der Prüfungsergebnisse schon abschließende Erkenntnisse ziehen zu wollen, denn der Beobachtungszeitraum ist natürlich etwas kurz. Aber dennoch läßt sich als übereinstimmende Entwicklungstendenz, die sich bei allen Prüfungskampagnen bei uns gezeigt hat, erkennen, daß erstens die Zahl der Examen mit gut zurückgeht, daß die Zahl der vollbefriedigenden Examina fast um die Hälfte zurückgeht, daß die Zahl der befriedigend etwas geringer ist, dafür aber die Zahl der ausreichend bestandenen Examina von vorher etwa 5 % jetzt auf 25 %, also ein Viertel, ansteigt, gleichzeitig auch ein gewisses Ansteigen der Zahl der nicht bestandenen Examina.

Während wir also nach dem alten Prüfungsrecht mit Anrechnung der Ausbildungsnote einen großen Block von rd. 90 % der Kandidaten hatten, die infolge der erwähnten nivellierenden Tendenz der Ausbildungsnote die Prüfung befriedigend und vollbefriedigend bestanden haben, kann man jetzt als bereits gesicherte Auswirkung des neuen Prüfungssystems feststellen, daß sich dieser Block etwas entzerrt, denn die rd. 25 % der Kandidaten, die nunmehr nach ihrer Prüfungsleistung mit ausreichend abschneiden, sind nach früherem Recht mit Hilfe der Ausbildungsnote in die Bereiche der Notenstufen befriedigend und vollbefriedigend hochgezogen worden. Und daß diese Noten dem wirklichen Leistungsstand der Kandidaten offensichtlich nicht entsprochen hatten, zeigt sich jetzt. Diese Ergebnisse werden durch den Wegfall der Ausbildungsnote im Prüfungsergebnis korrigiert. Das hat gleichzeitig eine gewisse Aufwertung der Noten vollbefriedigend und befriedigend zur Folge, die heute wieder als Ausdruck einer einwandfrei glatten Durchschnittsleistung oder einer überdurchschnittlichen Leistung gesehen werden können. Nach früherem Recht bei uns war auch die Spitzennote vollbefriedigend sehr fragwürdig geworden, weil sie eben in vielen Fällen nicht dem wirklichen Leistungsstand des Referendars entsprochen hat und nur durch überhöhte Ausbildungsnoten zustande gekommen ist.

Dies als kurzer Versuch einer vorläufigen Analyse der Prüfungsergebnisse im Zusammenhang mit dem Wechsel des Prüfungssystems bei uns. Der Leistungsgedanke wird durch das neue Prüfungsrecht nach unserem Eindruck wieder stärker und besser betont und verwirklicht. Sehr viel problematischer ist die Frage, welche Rückwirkungen dieses neue Prüfungssystem auf die Ausbildung selbst gehabt hat.

Hier kann man naturgemäß nicht auf Zahlen, Statistiken und Durchschnittswerte u. ä. konkret faßbare Werte zurückzugreifen. Bei dem Versuch, hier zu klaren Erkenntnissen zu kommen, zeigt sich deutlich, daß der Beobachtungszeitraum noch etwas kurz ist. Aus vielen Gesprächen mit Referendaren und Ausbildern ist aber bereits erkennbar, daß infolge des neuen Prüfungssystems eine deutliche Entkrampfung des Verhältnisses zwischen Ausbilder und Referendar und zugleich eine Versachlichung der Beurteilungspraxis eingetreten ist.

Von einer Entkrampfung möchte ich insofern sprechen als unter Geltung der Ausbildungsnote das Verhältnis zwischen Ausbilder und Referendar tatsächlich in vielen Fällen verkrampft war, im übrigen auch das Verhältnis unter den Referendaren. Das Bewußtsein, daß die Beurteilung in der jeweiligen Ausbildungsphase oder in der Arbeitsgemeinschaft über die Ausbildungsnote gewissermaßen ein Teil des Examens war, der Ausbilder also gleichzeitig Prüfer, hatte sich in vielen Fällen auf die Beziehungen zwischen Ausbilder und Referendar sehr negativ ausgewirkt: häufiges, unwürdiges Gefeilsche um einen Punkt mehr; der Versuch, auf den Ausbilder Druck auszuüben; das Einfließen von Mitleidsgefühlen seitens des Ausbilders oder umgekehrt das Spekulieren des Referendars mit Mitleidsgefühlen beim Ausbilder. Diese und ähnliche Erscheinungen sind schon hinreichend berichtet worden und nur zu bekannt, als daß ich sie hier noch darlegen müßte. Das persönliche Abhängigkeitsverhältnis des Referendars zum Ausbilder ist sicherlich sehr viel stärker, wenn die Beurteilung für die Examensnote relevant ist.

Die Beseitigung der Anrechnung ermöglicht wieder stärker die offene, unbefangene und unbelastete Diskussion, das Ausbildungsgespräch zwischen Ausbilder und Referendar.

Eine solche Entwicklung dient ganz sicher dem Referendar selbst am meisten, weil ihm damit etwaige Illusionen über seinen wirklichen Leistungsstand genommen werden und er Hinweise erhält, wo er u. U. stärker an seiner fachlichen Weiterentwicklung arbeiten muß. Die Versachlichung der Beurteilungspraxis hat dann wieder eine gewisse Rückwirkung auf das Prüfungsverfahren. Denn, es trifft ja bekanntlich nicht zu, daß die Leistungen des Referendars im Vorbereitungsdienst vor Einführung der Anrechnung der Ausbildungsnote völlig unbeachtlich gewesen seien; auch nach unserem jetzigen neuen Prüfungsrecht haben die Leistungen des Referendars im Vorbereitungsdienst in gewissem Umfange Bedeutung, wenn auch nicht mit einem mathematisch fixierten Stellenwert. Bedeutung haben die Leistungen im Vorbereitungsdienst nach rheinland-pfälzischem Prüfungsrecht — ähnlich wohl auch in anderen Ländern — einmal bei der Auswahl des Aktenvortrags, den der Referendar in der mündlichen Prüfung zu halten hat; bei dieser Auswahl orientiert sich der Präsident des Prüfungsamtes an dem Leistungsstand des Referendars, so wie er aus bestimmten Beurteilungen in der Ausbildung ersichtlich wird.

Zum anderen hat der Vorbereitungsdienst für die Möglichkeit zur Vergabe von Zuschlagspunkten Bedeutung. Nach den bei uns geltenden Vorschriften kann der Prüfungsausschuß die sich rechnerisch ergebende Prüfungsnote um bis zu drei Punkten anheben, um dadurch den Leistungsstand des Kandidaten besser zum Ausdruck zu bringen; dabei sind die Leistungen des Referendars im Vorbereitungsdienst angemessen zu berücksichtigen.

In diesem Umfang, über dessen Ausmaß man durchaus diskutieren könnte, scheint mir der Gedanke der Heranziehung von Erkenntnissen über den Leistungsstand des Referendars während des Vorbereitungsdienstes durchaus sinnvoll, während sich auf der anderen Seite die Einrechnung eines mathematisierten Faktors in die Prüfungsformel nach unseren Erfahrungen eindeutig als ein Irrweg erwiesen hat. Wenn diese Erkenntnis für die künftigen Reformen der Juristenausbildung auch auf Bundesebene fruchtbar gemacht werden könnte, dann war dieser vorübergehende Irrweg aber m. E. doch nicht sinnlos.

Die Bedeutung der Prüfungsleistungen insbesondere der schriftlichen Arbeiten für die Prüfung

Von Dieter Schmidt

A. Referat

Wenn ich über dic Bedeutung und Funktion der Prüfungsleistungen, insbesondere der schriftlichen Prüfungsarbeiten zu sprechen habe, möchte ich vorweg zur Richtung und zur Begrenzung des Umfangs folgendes klarstellen: In dem Referat soll nicht das Prüfungssystem als solches oder die gegenwärtige Form der Prüfungsleistungen in Frage gestellt werden, sondern ich möchte, ausgehend von dem Vorhandenen, den Versuch einer Diagnose, des Herstellens einer Sonde zur Prüfung der Eignung machen, und zwar nach dem eben Gesagten systemimmanent. Ich verstehe mich also mehr als Werkzeugmacher denn als Produktverkäufer. Dementsprechend ist das Referat so angelegt, daß es keine fertigen Ergebnisse, keine Lösungen bringen, sondern eher Grundlagen und Anstöße zum Weiterdenken geben soll, wobei ich selbstverständlich nicht anstehe, auch meine eigene Meinung zu äußern.

Ziel und Funktion der einzelnen Prüfungsleistungen lassen sich nur im Hinblick auf die Prüfung insgesamt bestimmen, weil sie ja dem Ziel der Prüfung dienen sollen. Die Ziele der Prüfung — und damit kann ich zur Verkürzung Bezug nehmen auf Ausführungen von Herrn Dr. Stiebeler heute morgen — sind für uns Juristen zunächst im Deutschen Richtergesetz festgelegt, dort allerdings nur in einem formalen Sinne: Die Befähigung zum Richteramt wird nur als ein abstrakter Begriff genannt, ein Begriff allerdings, der — und zwar nach weitgehend allgemeinem Verständnis — gewisse materielle Inhalte hat, die dann im einzelnen — und das ist ein Punkt, den ich hervorheben möchte — in den einzelnen Prüfungsordnungen ausgeführt werden. Herr Dr. Stiebeler hat uns ein Beispiel dafür genannt, in ähnlicher Weise ist das auch in den Prüfungsordnungen der anderen Länder zum Ausdruck gebracht worden*. Man kann es vielleicht auf den kurzen Nenner bringen: Gefordert wird einmal die Kenntnis des Rechts mit

* So z. B. für Hessen § 20 Abs. 2 Satz 1 JAG:

seinen sozialen, wirtschaftlichen und politischen Bezügen und zum anderen die Fähigkeit zur praktischen Rechtsanwendung. Dabei muß man sich allerdings vor Augen halten — und hier geraten wir an einen ersten Widerspruch —, daß die Ausbildungs- und Prüfungsziele, wie sie in den einzelnen Prüfungsordnungen dargestellt werden, über den strengen Inhalt des Begriffs der Befähigung zum Richteramt hinausgehen. Besonders wenn man sich vorstellt, wie dieser Begriff traditionell zustande gekommen ist, so beinhaltet er im wesentlichen die Befähigung zum Amt des Zivilrichters und in gewissem Umfange zum Amt des Richters in Strafsachen, soweit es um den dogmatischen Bereich geht. Schon die anderen Bereiche werden ausgenommen, und darüber hinaus geht es im Grunde nicht, während die Ausbildungsgesetze und Prüfungsordnungen inzwischen einen wesentlich umfassenderen Begriff eingeführt, den Inhalt der zweiten juristischen Staatsprüfung also erweitert haben. Wir haben hier eine gewisse Inkongruenz, die sich natürlich auch bemerkbar macht, wenn es um die Frage geht, welchen Inhalt, welches Ziel die Prüfung haben soll. Ich will auf diese Frage hier nur hinweisen und Sie bitten, sie vielleicht im Sinne zu behalten und möchte nun versuchen, das allgemeine Ziel der Prüfung in einzelne Funktionen aufzugliedern, die zum Teil schon angesprochen worden sind, wobei ich mir im klaren bin, daß diese Kategorisierungen fraglich sind in ihrer scharfen Abgrenzung. Sie werden aber im wesentlichen so auch in der pädagogischen Literatur vertreten, soweit sie sich mit dem Prüfungswesen befaßt.

Zunächst haben wir die Auslesefunktion, die Funktion der Selektion, d. h. die Prüfung soll nur geeigneten Bewerbern den Zugang zu bestimmten Ämtern und Tätigkeiten eröffnen. Diese Funktion ist genereller Natur. Sie kann als Maßstab für die Eignung der einzelnen Prüfungsleistungen verwendet werden, und ich will hier nur kurz vorweg bemerken, daß ich der Meinung bin, daß die gegenwärtigen Formen der juristischen Prüfungsleistungen, insbesondere auch die Formen der schriftlichen Arbeiten diesem Erfordernis der allgemeinen Eignung

---

„Während des Vorbereitungsdienstes soll der Rechtsreferendar unter Erweiterung und Vertiefung seiner Kenntnisse und Fähigkeiten die juristische Berufsausübung mit ihren gesellschaftlichen und wirtschaftlichen Grundlagen und Auswirkungen kennenlernen und seine Erfahrungen kritisch in dem Bewußtsein verarbeiten, daß erst aus der Kenntnis und Einbeziehung der gesellschaftlichen Probleme die Verwirklichung des demokratischen und sozialen Rechtsstaats möglich ist."

und § 38 Abs. 1 JAG:

„Die zweite juristische Staatsprüfung dient der Feststellung, ob der Rechtsreferendar das Ziel der Ausbildung (§ 20 Abs. 2) erreicht hat und ihm nach seinen fachlichen Kenntnissen sowie nach seinem Verantwortungsbewußtsein und seinem Verständnis einer praktischen Bedeutung zur Regelung sozialer Konflikte und Gestaltung gesellschaftlicher Vorgänge die Befähigung zum Richteramt zuerkannt werden kann."

entsprechen und daß es auch im Grundsatz gerechtfertigt erscheint, den schriftlichen Leistungen ein gewisses Übergewicht beizumessen. Weiter ist darauf hinzuweisen, daß die praktische Durchführbarkeit der Prüfungen der Vielfalt der Prüfungsleistungen Grenzen setzt. Ich komme im einzelnen auf diese Punkte noch einmal zurück.

Die Bedeutung der Auslesefunktion wird meines Erachtens nicht selten überschätzt. Man mißt die Erreichung, die Verwirklichung dieser Funktion häufig an der Mißerfolgsquote und glaubt, wenn die Mißerfolgsquote einer Prüfung hoch ist, dann hat sie einen großen Ausleseeffekt. Diese Beobachtung täuscht; man muß vielmehr prüfen, wieviele Bewerber endgültig durch eine Prüfung von der Fortsetzung des Ausbildungsganges oder von seinem Abschluß ausgeschlossen werden. Wenn man das feststellt, das hat das Ergebnis langjähriger Untersuchungen erbracht, die wir durchgeführt haben und die auch in anderen Prüfungsämtern durchgeführt worden sind, dann ist dieser Selektionseffekt gering. Er liegt etwa in der Größenordnung von 1 - 3 %, etwas höher bei der ersten juristischen Staatsprüfung, aber auch da kaum über 3 % hinausgehend, eher geringer bei der zweiten juristischen Staatsprüfung; d. h. 97 - 99 % der Bewerber, die nur bei der Stange bleiben, bekommen am Ende auch die Befähigung, die sie anstreben. Die Funktion einer echten Auslese, d. h. des Fernhaltens von Ungeeigneten wird also nur in einem sehr begrenzten Umfange erfüllt, und unter diesem Aspekt muß man auch ihre Bedeutung für die Einschätzung einer Prüfung sehen. Es mag sein, daß die Mißerfolgsquote als solche einen gewissen Abschreckungseffekt hat, das ist jedoch eine unbestimmte Größe, die man sehr schwer erfassen kann. Ich halte ihre Auswirkungen für gering, zumal häufig die schwächsten Bewerber auch die geringste Einsichtsfähigkeit zeigen und eben am hartnäckigsten sind. Diese Funktion sollte also nicht überschätzt werden. Sie wird uns im folgenden nicht mehr im speziellen beschäftigen, weil für die Beurteilung der Prüfungsleistungen die konkreteren Prüfungsfunktionen im Vordergrund stehen.

Das ist einmal die Kontrollfunktion, die Diagnosefunktion, d. h. in der Prüfung soll sich erweisen, ob der Kandidat in der Ausbildung etwas gelernt hat, ob er das Prüfungsziel erreicht hat. Im einzelnen bestimmen sich dann die Prüfungs- und Ausbildungsziele nach der jeweiligen Prüfungs- und Ausbildungsordnung, und es lassen sich hier eine Reihe von Eigenschaften aufzählen, nach denen man diese Funktion aufgliedern kann und deren Feststellung gerade auch für die juristischen Staatsexamina im Vordergrund steht.

Als nächstes ist die Rückwirkungsfunktion in Betracht zu ziehen, d. h. die Steuerungsfunktion. Sie bezeichnet die Auswirkungen der Prüfungsanforderungen auf die Ausbildung selbst, auf ihre Anlage und auf das Verhalten der Auszubildenden, also der Referendare in den Ausbildungsstationen. Herr Dr. Stiebeler hatte das den Lernanreiz genannt, gekennzeichnet durch das Schlagwort: „Gelernt wird, was geprüft wird.“ Und ich glaube, diese Funktion sollte man nicht gering schätzen; denn nach allen unseren Beobachtungen hat sie doch eine außerordentliche praktische Bedeutung. Das schlägt sich etwa darin nieder, daß die Referendare doch in großem Maße die Zeit des Vorbereitungsdienstes, etwa die Möglichkeit der Pflichtwahlstelle, dazu nutzen — oft unsinnigerweise —, sich beim Repetitor oder in sonstiger Weise auf das Examen vorzubereiten, und daß sie immer bestrebt sind, zu hören, wie denn die Prüfungsanforderungen seien, allerdings meist in dieser unguten mystischen Verklärung, wo man glaubt, es komme mehr an auf das Zauberwort und auf die richtigen Handgriffe in der Prüfung als auf die verständige Anwendung eines gelockerten Sachverstandes. Diese Funktion hat also erhebliche Bedeutung und sollte auch bei der Einschätzung von Prüfungsleistungen in Betracht gezogen werden, wobei sie ja durchaus auch in das Positive gewendet werden kann. Ich habe eben nur etwas negative Wirkungen dargestellt; die Funktion hat aber durchaus auch eine positive Bedeutung für die Gestaltung und Durchführung von Prüfungen.

Als letztes kommt hinzu die Qualifizierungsfunktion, d. h. eine gewisse Gerechtigkeitsfunktion, die darüber Aufschluß geben soll, inwieweit die Eignung des Bewerbers im Verhältnis zu anderen größer oder geringer ist. Sie hat einen Prognosecharakter — darüber hat gestern Frau Minister Dr. Laurien gesprochen — und fordert von dem Prüfungsausschuß eine Aussage im Hinblick auf die künftige Eignung des Bewerbers für die Berufsleistungen, die von ihm erwartet werden. Sie setzt voraus einmal — in bezug auf die Bewertung der Prüfungsgesamtleistungen —, daß möglichst gleichmäßige Maßstäbe angewandt werden, daß das allgemeine Leistungsbild der Prüflinge in der gleichen Situation berücksichtigt wird, und wird zum anderen bestimmt durch die Einschätzung, durch die Bewertung, die die Abnehmer dieses aus der Prüfung kommenden Produkts, also der geprüften Kandidaten, der Prüfung und ihrer Gestaltung beimessen. Einmal sind das die unmittelbaren Abnehmer, also diejenigen, die im Bereich der Rechtsanwendung tätig sind. Hinzu kommen aber dann auch darüber hinausgehend — und da finden Interferenzwirkungen statt — die Einschätzungen durch die Gesellschaft im allgemeinen. Auch dies ist ein Punkt, auf den ich am Ende noch kurz zurückkommen will.

Wenn man nun versucht, die einzelnen Prüfungsleistungen unter dem Gesichtspunkt zu betrachten, inwieweit sie geeignet sind, den genannten Funktionen in der zweiten juristischen Staatsprüfung gerecht zu werden, so ergibt sich folgendes:

Für die Hausarbeit sind die Kriterien: Gründlichkeit der Bearbeitung bei einer größtmöglichen Ökonomie der Fallbearbeitung und Richtigkeit der Fallösung. Diese Anforderungen stehen hier im Vordergrund. Im Hinblick auf die Kontrollfunktion werden in erster Linie Fähigkeiten praktischer Art nachgeprüft, die Fähigkeit des Erkennens und Aufarbeitens einer umfangreichen mehrgliedrigen Problemstellung, des Einordnens eines ungegliederten Stoffes in ein mitteilbares Lösungsschema in bezug auf die eingreifenden Rechtsregeln. Das ist also das, was man verkürzt als Relationsschema bezeichnet, als Gutachtentechnik mit einer in jedem Gedankenschritt nachvollziehbaren Form. Hinzu kommt weiter das Erfassen von Lebenszusammenhängen mit ihren wirtschaftlichen und sozialen Hintergründen. Schließlich gehört zur Anfertigung einer Hausarbeit auch eine gewisse Arbeitsorganisation, d. h. die Organisation der äußeren Möglichkeiten, die dem einzelnen Referendar zur Verfügung stehen. Bei den Fähigkeiten wissenschaftlicher, theoretischer Art wird eine wissenschaftlich fundierte Bearbeitung einzelner Rechtsprobleme verlangt, ein vertieftes Einarbeiten auch in weniger geläufige Rechtsgebiete sowie der Aufbau — das halte ich für sehr wichtig — eines sehr verzweigten Gedankengebäudes mit sehr vielfältigen Abhängigkeiten. Die Hausarbeit erfordert ein Grundwissen auf allen Rechtsgebieten, Methodenkenntnis, Kenntnis von gewissen Entscheidungsformen der praktischen Rechtsanwendung. Dagegen sind die Anforderungen an präsentem Wissen, präsentem Detailwissen, bei der Hausarbeit nicht so hoch; der Referendar hat die Möglichkeit, sich Detailkenntnisse im Rahmen der Bearbeitung zu verschaffen. Eigenschaften nicht quantifizierbarer Art, also solche, die man nicht ohne weiteres in ein bestimmtes Schema einordnen kann, wie z. B. Phantasie, Darstellungsfähigkeit, Originalität in der Verbindung von Gedanken, solche Eigenschaften können bei einer Hausarbeit eine relativ große Bedeutung gewinnen. Sie stehen allerdings nicht unbedingt im Vordergrund.

Zur Rückwirkungsfunktion der Hausarbeit kann gesagt werden, daß diese Prüfungsleistung darauf hinwirkt, daß die Referendare schon in der Ausbildung versuchen, umfangreichere Fallbearbeitungen durchzuführen, und daß sie eine Schulung in diesem Bereich erstreben, d. h. sie führt u. a. — und wir können das in unserem Land feststellen — zur Bevorzugung des Oberlandesgerichts oder auch von Berufungskammern als Wahlstelle. Dieser Anteil ist bei uns doch verhältnismäßig hoch, im übrigen in den letzten Jahren deutlich angestiegen.

Die Einwirkung auf die Selbstvorbereitung der Referendare ist bei dieser Leistung allerdings relativ gering; denn auf eine Hausarbeit kann man sich im allgemeinen kaum gezielt vorbereiten, allenfalls durch die sog. juristischen „Kochbücher“, deren Wert zweifelhaft ist.

Hinsichtlich der Qualifizierungsfunktion erleidet die Hausarbeit eine gewisse Einschränkung wegen der Singularität der Aufgabenstellung; eine Vergleichbarkeit ist hier weniger in äußerlicher Form herzustellen, sondern nur im Hinblick auf standardisierte Leistungsanforderungen, die mehr auf allgemeine Inhalte abzielen. Die Hausarbeit bietet dafür jedoch eine sehr umfassende Beurteilungsgrundlage, die eine differenzierte Bewertung unter praxisgerechten Gesichtspunkten ermöglicht, weil es ja hier immer um die Bearbeitung eines praktischen, umfangreichen Falles geht. Die Einschränkung, die oft gegen diese Leistungsform erhoben wird, ergibt sich aus dem Bedenken, daß hier Verfälschungen möglich seien. Gewiß ist nicht auszuschließen, daß Hilfe Dritter sich bei der Anfertigung von Hausarbeiten niederschlagen kann. Ich glaube allerdings, daß sich dieser Gesichtspunkt in der Praxis weniger auswirkt als man ihm oft nachsagt. Denn es ist nicht einfach und doch sehr selten anzutreffen, daß ein Helfer sich in dem Umfang, wie es für die Bewältigung einer vierwöchigen Hausarbeit nötig ist, in einen Fall einarbeitet. Um eine brauchbare Hausarbeit herzustellen, bedarf es der ständigen Auseinandersetzung mit den Besonderheiten gerade dieses Falles, und eine solche Mitarbeit ist in der Praxis kaum anzutreffen. Die Mithilfe beschränkt sich vielmehr wohl meist auf Hinweise zu allgemeineren Punkten, die dann bei der Durchführung im einzelnen doch von relativ geringer Bedeutung sind. Es gibt andererseits sicher gelegentlich die Erscheinung, daß Vorbearbeitungen vermittelt werden. Ihr kann man entgegenwirken durch organisatorische Maßnahmen, indem man z. B. in großem Umfange neue Hausarbeiten ausgibt. Das setzt die entsprechende Ausstattung des Prüfungsamtes voraus, der wir nur in beschränktem Umfange nachkommen können. Immerhin hat sich in den letzten Jahren hier einiges gebessert. Wir sind auch zunehmend dazu übergegangen, etwa 100 oder 120 Hausarbeiten gleichzeitig auszugeben, so daß etwa ein Repetitor kaum noch in der Lage ist, einer so großen Anzahl von Kandidaten, wenn etwa die Hälfte damit zu ihm käme, irgend etwas Substantielles an die Hand zu geben. Diese Gefahr ist also vorhanden, ich schätze sie aber für nicht so hoch ein, als daß sie den Wert dieser Leistung entscheidend beeinträchtigen könnte.

Nun zu den Aufsichtsarbeiten: Hier sind die Zielkriterien schnelle Entscheidung, vertretbare Lösung mit begrenzten Hilfsmitteln. Praktische Fähigkeiten werden in der Form kontrolliert, daß es um die Erfassung von Kernproblemen in einem schon eingegrenzten Lebenssachverhalt geht, Arbeiten unter Zeitdruck, Entschlußfreudigkeit des Bearbeiters. Fähigkeiten theoretischer Art werden in geringerem Maße als bei der Hausarbeit gefordert; erforderlich ist allerdings gedankliche Klarheit, um in der Kürze der Zeit mit der Aufgabe zurecht zu kommen, und gedankliche Disziplin in der Beschränkung auf das

Wesentliche. Im Vordergrund stehen bei der Klausur die präsenten Kenntnisse einmal im Rahmen eines allgemeinen Grundwissens, sodann aber auch als Detailkenntnisse auf den jeweils erfaßten Gebieten, auf die sich die Arbeiten erstrecken. Das Erkennen des Lösungsweges hängt oft von hinreichendem Vorwissen des Kandidaten ab, weil er in der begrenzten Zeit mit den begrenzten Hilfsmitteln sich nicht mehr einen vollen Überblick erarbeiten kann; auch präsente Kenntnisse praktischer Entscheidungsformen sind hier Voraussetzung für den Erfolg. Raum für die Erfassung nichtquantifizierbarer Eigenschaften besteht dagegen nur in relativ begrenztem Umfange.

Die Rückwirkungsfunktion der Aufsichtsarbeiten besteht insbesondere darin, daß sie auf die Aneignung, man kann vielleicht auch sagen Anhäufung eines möglichst weitgestreuten präsenten Detailwissens hinzielen. Das kann sich nachteilig dahin auswirken, daß eine gewisse Oberflächlichkeit der Kenntnisse hingenommen wird, wenn nur die möglichst breite Abdeckung aller Gebiete erreicht wird. Im Vordergrund stehen Kurzfallbearbeitungen, die zwar die Praxisnähe fördern können, aber auch die Gefahr in sich bergen, daß sie sich in einer eher formalen Arbeitsweise erschöpfen, wie sich das ja zum Teil in Anleitungshinweisen niederschlägt. Die Selbständigkeit der Arbeitsweise wird gefördert. Der Referendar ist bei der Klausur auf sich selbst gestellt, Verfälschungen von dieser Seite her sind praktisch ausgeschlossen. Die Selbstvorbereitung kann einen relativ breiten Raum einnehmen, man kann sich schulen im Anfertigen von Klausuren. Es gibt dafür in vielen Ländern, so auch bei uns, besondere Klausurenkurse, die neben den Arbeitsgemeinschaften herlaufen; das wird beim Repetitor angeboten usw. Es ist hier aber eben doch die Frage zu stellen, inwieweit damit tatsächlich eine praxisgerechte Ausbildung der Referendare herbeigeführt wird, so daß von dieser Seite her ein gewisses Bedenken verbleibt.

Die Qualifizierungsfunktion ist bei den Aufsichtsarbeiten insofern gut erfüllt, als alle Bearbeiter zumindest eines Termins oder einer Kampagne die gleichen Arbeiten erhalten, so daß für die Vergleichbarkeit der Leistung eine breite Grundlage gegeben ist, allerdings auf den jeweiligen Termin oder die jeweilige Kampagne begrenzt. Andererseits ist die materielle Beurteilungsgrundlage relativ schmal. Es gibt für die Beurteilung von Klausuren kaum praxisgerechte Maßstäbe, die Aufsichtsarbeiten haben eher Stichprobencharakter; denn wenn Sie als Prüfer eine Aufsichtsarbeit, etwa einen Urteilsentwurf, unter dem Gesichtspunkt beurteilen wollten, ob er in dieser Form, wie er vorgelegt wird, für die Praxis brauchbar wäre, dann, glaube ich, ergäben sich Prozentsätze von vielleicht allenfalls 5 %, während alles andere als brauchbar nur bezeichnet werden kann unter Beachtung der besonderen Umstände, unter denen diese Leistung von dem Referendar gefordert wird. Das erscheint mir also doch als eine wesentliche Einschränkung, die hier zu machen ist.

Nun noch kurz zu einer weiteren Arbeitsform, nämlich der Kurzhausarbeit, die ja in einigen Ländern zur Ersetzung von Aufsichtsarbeiten eingeführt worden ist. So kann bei uns in Hessen eine Aufsichtsarbeit durch eine Kurzhausarbeit ersetzt werden, d. h. eine Arbeit, die von montags bis freitags anzufertigen ist, und zwar erhält der Referendar dazu eine Akte.

Eine Kurzarbeit ist in ihrer Grundanlage eher wie eine Hausarbeit anzusehen. Die Hilfsmittel sind unbegrenzt, die Zeit ist allerdings begrenzter, und von daher ergibt sich ein Bedenken; denn bei einer solchen Kurzhausarbeit besteht doch die Möglichkeit der Fremdhilfe in einem kaum auszuschließenden Umfange. Daß sich jemand als Helfer für drei Tage mit der Vertiefung, wie man sie nun einmal in diesem begrenzten Zeitraum nur verlangen kann, mit einem Fall beschäftigt, diese Möglichkeit ist durchaus nicht von der Hand zu weisen. Die bisherigen Ergebnisse der Kurzhausarbeiten — in Hessen sind vielleicht inzwischen 150 Arbeiten dieser Art geschrieben worden — deuten allerdings nicht darauf hin, daß sich das besonders positiv bemerkbar macht. Die statistischen Ergebnisse liegen unter denen der Hausarbeiten, die Arbeiten fallen also im Schnitt schlechter aus, allerdings etwas über denen der Klausuren, deren Ergebnisse noch negativer sind. So sehr scheint das jedenfalls nicht zu funktionieren, ist aber immerhin im Einzelfall nicht auszuschließen und läßt Vorbehalte gegen diese Art der Prüfungsleistung m. E. doch nicht übersehen.

Ich habe hier, obwohl im Vordergrund meines Referats ja die schriftlichen Prüfungsleistungen stehen sollen und ich darauf auch noch einmal zurückkommen will, auch die weiteren Prüfungsleistungen erfaßt, d. h. den Aktenvortrag und das Prüfungsgespräch und will das nur noch kurz anfügen.

Tendenziell sind die Zielkriterien beim Aktenvortrag eher wie bei der Hausarbeit einzuordnen: Bearbeitung eines praktischen Falles, Erarbeitung eines Entscheidungsvorschlages in einem mitteilbaren, nachvollziehbaren gedanklichen Prozeß, Darstellen dieses Vorschlags in mündlicher Form mit nur durch die Zeit — die drei zur Bearbeitung zur Verfügung stehenden Tage — begrenzten Hilfsmitteln. Hier wird die Beherrschung der praktisch m. E. doch sehr bedeutsamen Arbeitsform des mündlichen Vortrags eines Falles oder eines Problems in einem Kreis von fachkundigen Juristen kontrolliert, so daß dieser Prüfungsleistung eine erhebliche praktische Bedeutung zukommt. Theoretische und praktische Fähigkeiten halten sich hier etwa die Waage. Im Vordergrund stehen Methodenkenntnisse und Grundwissen, spezielles Wissen kann man sich aneignen. Es wird hier allerdings oft auch rasches Einarbeiten in ein weniger geläufiges Rechtsgebiet gefordert, weil die Aktenfälle teils aus sehr spezialisierten Rechtsgebieten kommen. Sie werden ja regelmäßig — wie im übrigen auch die Hausarbeiten — nach dem von dem Referendar gewählten Bereich für die Pflichtwahlstelle zugeteilt, so daß man auch von ihm fordern muß, daß er sich in diesem Bereich etwas auskennt. Nicht quantifizierbare Eigenschaften haben bei dieser Leistungsform relativ große Bedeutung. Die Rückwirkung erstreckt sich auf die Förderung der sehr wichtigen Arbeitsform des mündlichen Vortrags, die für Juristen in jeder beruflichen Tätigkeit von großer Bedeutung ist. Qualifizierung ist deshalb eben gerade auch im Hinblick auf diese Fähigkeit möglich, während bezüglich der rechtlichen Inhalte der Fallösung gewisse Bedenken geltend zu machen sind, weil Verfälschungen hier nicht ausgeschlossen werden können, d. h. über die Erarbeitung eines Lösungswegs kann sich ein Referendar sicher mit anderen besprechen. Die Art, wie er das allerdings nachher vorträgt, dabei kann ihm keiner helfen, und es zeigt sich doch oft in der Prüfung, daß ein Ergebnis vorgetragen wird, das der Referendar anscheinend selbst geistig nicht voll verarbeitet hat, das er mehr oder weniger auswendig darbietet und bei dem er auf Nachfragen zu erkennen geben muß, daß er die Probleme nicht wirklich erfaßt hat. Insofern lassen sich hier also Riegel vorschieben durch eine entsprechende Gestaltung der mündlichen Prüfung.

Es bleibt jetzt noch das Prüfungsgespräch. Zielkriterien sind hier das Auskennen im Gesamtbeziehungssystem des Rechts und der praktischen Rechtsanwendung, Problembewußtsein, d. h. das Gefühl dafür, wo in einem an den Referendar unvorbereitet herangetragenen Sachverhalt die rechtlichen Probleme stecken, und schließlich die Fähigkeit zur Darstellung, zur mündlichen Argumentation in einem Gespräch mit anderen. Die Fähigkeiten praktischer Art überwiegen hier; denn eine wissenschaftliche Vertiefung ist im Rahmen eines üblichen Prüfungsgesprächs in der Regel kaum möglich. Präsentes Wissen steht im Vordergrund, ohne daß es allerdings auf Detailwissen in gleichem Umfang wie bei der Klausur ankommt. Der Referendar kann mit einem Bestand an Grundwissen und hinreichenden geistigen Fähigkeiten Schritt für Schritt seine Gedanken entwickeln. Er erhält dazu von dem Prüfer gewisse Handreichungen; man will ja in der mündlichen Prüfung bei der Anlage eines Prüfungsgesprächs manchmal gerade erkennen, ob der Referendar in der Lage ist, einen Gedanken aufzunehmen und fortzusetzen, gerade in Bereichen, wo von ihm gar nicht verlangt werden kann, daß er konkrete Detailkenntnisse hat. Insofern bietet also die mündliche Prüfung einen relativ breiten Raum, auch für die Gestaltungsmöglichkeiten seitens der Prüfer, die hier sehr viel in der Hand haben; einmal im Hinblick auf die Gebiete, die sie zum Gegenstand der Prüfung machen, und sodann auch auf die Form, daß sie sich also nicht auf ein bloßes Abfragen beschränken, sondern daß sie versuchen, tatsächlich ein Prüfungsgespräch in Gang zu setzen, einen Dialog mit Abwägung des Für und Wider. Im Vordergrund stehen hier die Ansätze zur Bewertung nicht quantifizierbarer Eigenschaften. Das Darstellungsvermögen, die geistige Beweglichkeit spielen eine sehr große Rolle. Die Rückwirkung auf die Gestaltung der Ausbildung läßt sich wohl insbesondere in Richtung auf eine Wissensansammlung — insofern könnte darin wieder eher ein Nachteil gesehen werden — aber auch in Richtung auf eine Schulung in der fachlichen Diskussion sehen, und hier liegt gerade der Ansatzpunkt für eine Steuerungsmöglichkeit seitens der Prüfer. Die Qualifizierungsfunktion ist im Hinblick auf nichtquantifizierbare Eigenschaften aber auch auf konkretes Wissen relativ hoch, allerdings schwer in konkreter Form greifbar zu machen. Das Prüfungsgespräch erlaubt ja am ehesten das Einbringen des Prüferermessens, und wir haben z. B. bei Untersuchungen seitens der Präsidenten der Prüfungsämter festgestellt, daß durchweg die Noten der mündlichen Prüfung über den Noten der schriftlichen Prüfungsleistungen liegen. Es tritt hier etwa der Effekt ein, wie er vorhin hinsichtlich der Ausbildungsnoten angesprochen worden ist. Wenn man Auge in Auge dem — ich will nicht sagen Feinde — sondern dem zu Prüfenden gegenübersitzt, dann ist es eben doch ein etwas anderes Verhältnis, als wenn man am Schreibtisch eine unter Kennziffer laufende schriftliche Arbeit vor sich hat; das ist sicher nicht zu bestreiten. Im übrigen wird die mündliche Prüfung wohl auch zum Instrument von Korrekturen hergenommen, die das Gesamtergebnis noch etwas beeinflussen, und wir haben bei den gesamten Untersuchungen z. B. festgestellt, daß in den Ländern, in denen gar keine Ermessensregelungen bestehen, die mündlichen Prüfungen relativ am besten ausfallen. Es wird also offenbar eine gewisse Hebungsfunktion in die Beurteilung der mündlichen Leistungen miteingebracht; insofern, wenn Sie wollen, eine gewisse Einschränkung einer objektiven Qualifizierung. Man kann das natürlich auch als eine Verstärkung einer sachgemäßen Prüferentscheidung ansehen; ich möchte diesen Umstand eher positiv beurteilen. Möglichkeiten zur Fremdhilfe sind bei der mündlichen Prüfung natürlich ausgeschlossen. Hier kommt es nur darauf an, was der Kandidat selbst bieten kann, dieser Faktor ist also sehr hoch einzuschätzen.

Man muß sich für eine Abwägung die Bedeutung der einzelnen Prüfungsleistungen im Hinblick auf einige allgemeine Anforderungen, die an Prüfungen gestellt werden, vor Augen halten. Ich glaube, daß die generelle Eignung der Prüfungsleistungen, wie wir sie heute vorfinden, in bezug auf die Prüfungsziele bejaht werden kann, wenn man einmal eine genauere Aufgliederung nach den einzelnen Funktionen durchgeführt hat. Die Nützlichkeit für die Schulung des Juristen in praktischer Arbeit wird man diesen Leistungen nicht schlechthin absprechen können. Und daß die Prüfung kontrollieren muß, was mit großer Wahrscheinlichkeit für die praktische Arbeit nützlich ist, ist die erste Forderung, die für eine Prüfung aufgestellt wird. Allerdings sollte man sich dabei die Grenzen der Aussagekraft einer Prüfung und auch gerade unserer juristischen Staatsprüfungen vor Augen halten.

Jeder Prüfer hat wohl sehr deutlich im Gefühl, daß wir eine Aussage nur über einen relativ bescheidenen Sektor der Leistungsfähigkeit des Kandidaten treffen. Das ist etwa der Sektor der Fähigkeit, begrenzte Aufgaben unter den formalen Kriterien, die „schulmäßig" für die Arbeit des Juristen gelten, zu bearbeiten, während weite andere Bereiche, das gesamte Arbeitsverhalten eines Referendars oder etwa seine Fähigkeit zum Umgang mit Menschen doch nur in sehr begrenztem Umfange in diese Prüfungsaussage einfließen. Über diese Relativität der Aussagekraft sollte man sich im klaren sein. Sie wird meines Erachtens dort überschätzt, wo man etwa Einstellungsentscheidungen allein vom Ergebnis der Prüfung abhängig macht. Es ist im übrigen auch so, daß statistisch sicherlich die besseren Juristen die besseren Prüfungen machen und daß man in den Extrembereichen „oben" und „unten" auch im Einzelfall sagen kann, wer ein guter und wer ein weniger guter Jurist ist. Dagegen gibt es ein sehr breites Mittelfeld, wo im Einzelfall die Prüfung für sich genommen über die juristische Qualifikation des betreffenden Bewerbers doch nur ein wenig zuverlässiges Bild abgibt, so daß ich es etwas unglücklich empfinde — was unvermeidlich im Zuge der zunehmenden Einführung von mathematisierenden Regeln liegt —, daß wir letzten Endes hier mit Bruchteilszahlen rechnen und die Eignung eines Menschen unter diesen Gesichtspunkten bestimmen wollen. Man sollte das etwas relativieren. Auf der anderen Seite muß man sich auch vor Augen halten, daß die Prüfung einen Wechsel darstellt, der auf die Gesellschaft gezogen wird und nur in dem Maße Wert hat, in dem die Gesellschaft bereit ist, ihn zu valutieren. Das gilt einmal für die konkreten Abnehmer, dann aber auch für die Gesamteinschätzung, die man einer Prüfung entgegenbringt. Die juristischen Staatsprüfungen werden heute immer noch relativ hoch eingeschätzt. Ich glaube auch mit gewissem Recht, wenn man sie etwa mit Prüfungen anderer Art vergleicht, die wir z. B. in der Praxis im Hochschulbereich vorfinden. Man muß das bedenken, wenn es darum geht, etwa Prüfungsinhalte, Prüfungsanforderungen, Prüfungsleistungen umzugestalten, und darf diese Verbindung mit der allgemeinen Anerkennung nicht aus dem Auge verlieren. Die Gefahr bestand ja zum Teil, als die Anrechnungsregelungen eingeführt wurden, als die Prüfungsergebnisse nach oben schnellten. Dann ist plötzlich das Papier allein nicht mehr sehr viel wert. Das verpflichtet uns zu einer zurückhaltenden Bewegung in diesem Bereich.

Im übrigen wird natürlich die Art der Prüfungsleistungen und ihre Bedeutung bestimmt durch das Gewicht, das den einzelnen Leistungen beigemessen wird. Eine konkrete Betrachtung zeigt hier, daß dieses Gewicht in den einzelnen Bundesländern sehr unterschiedlich ist. Da haben z. B. die schriftlichen Prüfungsleistungen, Hausarbeiten, soweit es sie gibt, oder Klausuren, soweit reine Klausurenexamina durchgeführt werden, Gewichte, die von 50 % reichen — etwa in Berlin und Hamburg — über 57 % in Nordrhein-Westfalen und Rheinland-Pfalz, 60 % in Niedersachsen, 64 % in Baden-Württemberg, 66 % in Hessen und 72 % demnächst im Saarland bis schließlich zu 80 % in Bayern. Die Einschätzung der schriftlichen Prüfungsleistungen ist danach in den einzelnen Prüfungssystemen sehr unterschiedlich. Wenn man das zurückführt auf die Funktionen, die ich zuvor den einzelnen Prüfungsleistungen beigelegt habe, bedeutet es, daß man durch die Bestimmung des Gewichtsverhältnisses der einzelnen Prüfungsleistungen zueinander natürlich auch den inhaltlichen Aussagewert der Prüfung beeinflußt. Je stärker eine bestimmte Leistungsform im Vordergrund steht, desto mehr wird der Aussagewert der Prüfung auf die Spezifika dieser Leistung festgelegt und dadurch begrenzt.

Andererseits ist der Grundsatz der Vielfältigkeit der Leistungsformen bei möglichst freier Wahl — das ist ja ein Grundsatz, der die Pädagogik weitgehend beherrscht — einzuschränken. Einmal durch den genannten Gesichtspunkt der allgemeinen Anerkennung der Prüfung in der Gesellschaft, dann aber vor allem auch durch den Gesichtspunkt der Praktikabilität, und das ist etwas, was man nicht aus dem Auge verlieren sollte, denn wegen der unmittelbar praktischen, das Schicksal des einzelnen sehr entscheidend bestimmenden Funktion von Prüfungen bewegen wir uns ja hier nicht in einem Freiraum, in dem wir beliebig experimentieren können. Wir müssen vielmehr ein geregeltes Verfahren anbieten, und wir können nur solche Regelungen ins Auge fassen, die sich auch realisieren lassen. Unter diesem Gesichtspunkt ist die Bewegungsfähigkeit doch sehr eingegrenzt. Wir haben uns schon in früheren Jahren im Rahmen von Erwägungen zur Neugestaltung von Prüfungen sehr viele Möglichkeiten überlegt, daß jemand z. B. im Rahmen einer Prüfung plädiert, daß er sonstige Leistungen in der Praxis erbringt. Das ist alles denkbar, das ist auch machbar, wenn ich auf die Prüfung sehr viel Aufwand verwenden kann und wenn ich einen begrenzten Kreis von Prüfungsteilnehmern habe. Wenn das aber anders ist, und wir müssen ja Hunderte und Tausende von Referendaren im Jahr durch das Examen bringen, dann muß man sich beschränken auf Prüfungsformen, die sich in einem noch in Grenzen zu haltenden Verfahren durchführen lassen, und in diesem Rahmen sehe ich derzeit keine Möglichkeiten einer grundlegenden Erweiterung.

Eine sehr entscheidende Frage will ich nun zuletzt noch ansprechen, nämlich das Verhältnis zwischen Prüfungen, die eine Hausarbeit als Prüfungsleistung kennen, und Prüfungen, die sich nur auf Klausuren beschränken. Wenn man dabei gegenüberstellt und vergleicht, was ich über die Funktionen der einzelnen Prüfungsleistungen gesagt habe, dann wird man m. E. nicht verkennen und nicht in Abrede stellen können, daß die Hausarbeit Funktionen enthält und in die Prüfung einbringt, die durch die Klausur jedenfalls nicht voll ersetzt werden können. Die sehr wichtige Fähigkeit, einen umfangreichen Lebenssachverhalt zu erfassen, wie er sich aufgrund einer Akte darstellt, und in einer gedanklich nachvollziehbaren Form zur Lösung zu bringen, läßt sich m. E. durch eine Klausur, wie immer sie gestaltet sein mag, nicht in gleicher Weise verifizieren. Bei der Hausarbeit kann und muß man verlangen, daß alles stimmt. Damit ist hier die Grundlage für eine sehr hohe Anforderung gegeben, und die Aussagekraft einer solchen Leistung und ihrer Beurteilung über die Leistungsfähigkeit eines Kandidaten ist sehr hoch. Bei der Klausur kann und darf man dagegen allenfalls verlangen, daß der Kandidat methodisch richtig zu arbeiten versteht und daß Richtiges zumindest einmal angesprochen, aber nicht, daß es auch sorgfältig durchgearbeitet wird. Ich glaube also, daß die Breite der Beurteilungsgrundlage durch die Hausarbeit als Gegenstand einer Prüfung doch wesentlich erweitert wird.

Gerade weil generell eine Prüfung Stichprobencharakter hat — und darin besteht eben ihr Nachteil —, muß man dem entgegenwirken, zumindest versuchen, dem dadurch entgegenzuwirken, daß man in dem praktischen Rahmen, den ich genannt habe, möglichst vielfältige Prüfungsformen anbietet. Und man sollte dabei, weil — und das glaube ich gezeigt zu haben — jeder Prüfungsleistung in unserem herkömmlichen Sinne unterschiedliche Funktionen zukommen, auch alle diese Formen nutzbar machen, um ein möglichst umfassendes Bild von den Kandidaten zu gewinnen und damit der Prüfungsentscheidung eine möglichst starke Aussagekraft zu verleihen.

B. Kurzinformation

I. Ziel und Funktion der einzelnen Prüfungsleistungen lassen sich nur im Hinblick auf die Prüfung insgesamt bestimmen.

II. Die materiellen Ziele der Prüfung werden regelmäßig in der jeweiligen Prüfungsordnung in Kongruenz mit den Zielen der Ausbildung und unter Beachtung etwaiger gesetzlicher Vorgaben wie z. B. § 5 DRiG definiert.

III. Im Hinblick auf diese Ziele kommen der Prüfung verschiedene Funktionen zu:

1. Auslesefunktion („Selektion")

Die Prüfung soll nur geeigneten Bewerbern den Zugang zu bestimmten Tätigkeiten, Ämtern usw. eröffnen.

a) Diese Funktion ist genereller Natur und kann als Maßstab für die generelle Eignung der einzelnen Prüfungsleistungen herangezogen werden, die in bezug auf die herkömmlichen Formen der Leistungen in den juristischen Staatsprüfungen — Hausarbeit, Aufsichtsarbeiten, Aktenvortrag, Prüfungsgespräch — grundsätzlich bejaht werden kann.

b) Im Hinblick darauf, daß bei fast jeder juristischen Tätigkeit schriftliche Arbeitsformen im Vordergrund stehen, erscheint es auch gerechtfertigt, schriftlichen Leistungen in der Prüfung das Übergewicht einzuräumen.

c) In bezug auf die einzelnen Formen der Prüfungsleistungen kann der Gesichtspunkt der praktischen Durchführbarkeit, zumal bei hohen Prüfungszahlen, nicht außer Betracht gelassen werden.

2. Kontrollfunktion („Diagnose")

In der Prüfung soll sich erweisen, ob der Kandidat in der Ausbildung etwas gelernt und das Prüfungsziel erreicht hat.

a) Prüfungs- und Ausbildungsziele bestimmen sich nach der Ausbildungs- und Prüfungsordnung.

b) Eigenschaften, welche in bezug auf die Beherrschung der Rechtsanwendung festgestellt werden sollen, sind insbesondere

— Fähigkeiten der Problembewältigung praktischer und theoretischer Art,

— Wissen, insbesondere Rechtskenntnisse theoretisch-dogmatischer Art und praktisch-anwendbarer Art,

— Fähigkeiten nicht quantifizierbarer Art wie zum Beispiel Verständnis, Fantasie, Originalität, Assoziationsfähigkeit, Persönlichkeit, Charakter, Darstellungs- und Durchsetzungsvermögen der eigenen Person, Folgenbewertung nichtjuristischer Art usw.

3. Die Rückwirkungsfunktion (Steuerungsfunktion) bezeichnet die Auswirkungen der Prüfungsanforderungen auf
   a) die Ausbildung nach Gang und Intensität,
   b) die Stationsauswahl und -gestaltung,
   c) die einzelnen Leistungen in den Stationen,
   d) die eigene Tätigkeit des Referendars, also die Selbstvorbereitung.

   „Gelernt wird, was geprüft wird."

4. Qualifizierungsfunktion (Gerechtigkeitsfunktion, „Prognose")

   Das Prüfungsergebnis soll etwas über die größere oder geringere Eignung der Bewerber im Verhältnis zu anderen Bewerbern aussagen.

   Dies gilt in doppelter Hinsicht, nämlich
   a) in bezug auf die Bewertung der Prüfungsgesamtleistung nach möglichst gleichmäßigen Maßstäben und unter Berücksichtigung des allgemeinen Leistungsbildes von Prüflingen in der gleichen Situation,
   b) in bezug auf die diese maßgeblich bestimmende Einschätzung (Bewertung) durch die Gesellschaft, und zwar hier insbesondere
      aa) durch die an der Rechtsanwendung unmittelbar beteiligten Kreise,
      bb) durch die als Abnehmer von Juristen auftretenden Kreise.

IV. Bedeutung und Wert der einzelnen Prüfungsleistungen bestimmen sich danach, inwieweit sie geeignet sind, den genannten Funktionen der Prüfung gerecht zu werden.

1. Hausarbeit

   Zielkriterien sind Gründlichkeit der Bearbeitung bei größtmöglicher Ökonomie der Fallbearbeitung und Richtigkeit der Falllösung.

   a) Zur Kontrollfunktion
      — Fähigkeiten praktischer Art: Erkennen und Aufarbeiten einer umfangreichen mehrgliedrigen Problemstellung, Einordnen eines ungegliederten Stoffes in ein mitteilbares Lösungsschema in bezug auf die eingreifenden Rechtsregeln. Erfassen von Lebenszusammenhängen mit ihren wirtschaftlichen und sozialen Hintergründen, Arbeitsorganisation

- Fähigkeiten theoretischer Art: Wissenschaftlich fundierte Bearbeitung einzelner Rechtsprobleme, vertieftes Einarbeiten in weniger geläufige Rechtsgebiete, Aufbau eines verzweigten Gedankengebäudes mit vielfachen Abhängigkeiten
- Grundwissen auf allen Rechtsgebieten, Beherrschung der Methoden und Formen der praktischen Rechtsanwendung (Relationstechnik), Kenntnis der Entscheidungsformen (Urteilsaufbau usw.)
- Eigenschaften nicht quantifizierbarer Art können relativ große Bedeutung gewinnen.

b) Zur Rückwirkungsfunktion

- Die umfangreichere Fallbehandlung erlangt in der Ausbildung zum Erlernen des Umsetzungsvorgangs von theoretischen Rechtskenntnissen in praktische Entscheidungsfindung in mitteilbarer Form im Einzelfall besonderes Gewicht
- Bevorzugte Wahl von dementsprechend geeigneten Ausbildungsstationen (OLG)
- Hinwirken auf Selbstvorbereitung relativ gering.

c) Zur Qualifizierungsfunktion

- Singularität der Aufgabenstellung erlaubt Vergleichbarkeit nur mit Hilfe standardisierter Leistungsanforderungen
- doch bietet die Hausarbeit eine umfassende Beurteilungsgrundlage, die eine differenzierte Bewertung unter praxisgerechten Maßstäben ermöglicht
- Verfälschungen durch fremde Hilfe nicht auszuschließen, aber bei geeigneten organisatorischen Maßnahmen gering zu halten.

2. Aufsichtsarbeiten

Zielkriterien sind schnelle Entscheidung, vertretbare Lösung mit begrenzten Hilfsmitteln

a) Zur Kontrollfunktion

- Praktische Fähigkeiten: Erfassen von Kernproblemen in einem schon eingegrenzten Lebenssachverhalt und Beschränkung hierauf, Arbeiten unter Zeitdruck, Entschlußfreudigkeit
- Fähigkeiten theoretischer Art werden in geringerem Maße als bei der Hausarbeit gefordert, notwendig aber gedankliche Klarheit, Disziplin in der Beschränkung

— präsentes Grundwissen und Detailkenntnisse auf den erfaßten Rechtsgebieten in relativ großem Umfang erforderlich, Erkennen des Lösungsweges hängt oft von hinreichendem Vorwissen ab, auch präsente Kenntnisse der praktischen Entscheidungsformen sind notwendig
— Raum für die Entfaltung nicht quantifizierbarer Eigenschaften besteht nur in begrenztem Umfang.

b) Zur Rückwirkungsfunktion
— Die Aneignung präsenten Wissens tritt schon in der Ausbildung in den Vordergrund, Kurzfallbearbeitung kann Praxisnähe fördern, zumal bei Schulung in praxisgerechter Darstellungstechnik in praxisgemäßen Entscheidungsformen
— Die Eigenständigkeit der Arbeitsweise wird gefördert, die Selbstvorbereitung kann breiten Raum einnehmen
— allerdings kann gerade dies auch das Interesse an der praktischen Ausbildung vermindern und die Gefahr eines bloßen Oberflächenwissens begründen.

c) Zur Qualifizierungsfunktion
— Durch Bearbeitung gleicher Aufgaben von allen Kandidaten ist gute Vergleichbarkeit der Beurteilung gegeben, freilich begrenzt auf den jeweiligen Termin
— die materielle Beurteilungsgrundlage ist relativ schmal und erlaubt kaum praxisgerechte Maßstäbe, die Aufsichtsarbeiten haben aber Stichprobencharakter
— Verfälschungen durch fremde Hilfe sind praktisch ausgeschlossen.

3. Kurzhausarbeit

Zielkriterien grundsätzlich wie bei der Hausarbeit, infolge der vorgegebenen Zeit- und Umfangbegrenzung allerdings in beschränkterem Umfang.

Andererseits Möglichkeiten der Verfälschung größer als bei der Hausarbeit.

4. Aktenvortrag

Zielkriterien tendenziell eher wie bei der Hausarbeit: Erarbeitung eines praktischen Entscheidungsvorschlags unter Abwägung des Für und Wider, mitteilbarer, wissenschaftlich begründeter Lösungsweg.

Kontrolliert wird die Beherrschung der praktisch sehr bedeutsamen Arbeitsform des mündlichen Vortrags eines Fall- oder Problemlösungsvorschlags.

Theoretische und praktische Fähigkeiten halten sich etwa die Waage.

Im Vordergrund stehen Methodenkenntnis und allgemeines Grundwissen, einige Formenkenntnis; präsentes Detailwissen ist weniger gefordert.

Nicht quantifizierbare Eigenschaften haben relativ große Bedeutung.

Rückwirkung als Förderung der sehr wichtigen Arbeitsform des mündlichen Vortrags.

Qualifizierung vor allem im Hinblick auf die Fähigkeit des mündlichen Vortrags, während im Hinblick auf rechtliche Falllösung Verfälschung durch Fremdhilfe nicht auszuschließen ist.

5. Prüfungsgespräch

Zielkriterien: Auskennen im Gesamtbeziehungssystem des Rechts und der praktischen Rechtsanwendung, Problembewußtsein, Darstellungs- und Argumentationsfähigkeit.

Fähigkeiten praktischer Art etwas überwiegend.

Präsentes Wissen steht im Vordergrund, ohne daß Detailkenntnisse in gleichem Maße wie bei den Klausuren erforderlich sind.

Ansätze zur Bewertung nicht quantifizierbarer Eigenschaften überwiegen.

Rückwirkung in Richtung auf Wissensansammlung und Schulung in der fachlichen Diskussion; relativ elastische Steuerung durch Prüferverhalten möglich.

Qualifizierung sowohl im Hinblick auf konkretes Wissen als auch im Hinblick auf nicht quantifizierbare Eigenschaften; Verfälschungen durch Fremdhilfe ausgeschlossen; Vergleichbarkeit wegen Unmöglichkeit der Standardisierung nur in einem allgemeineren Sinn.

V. Beziehungssystem und Gewichtung der einzelnen Prüfungsleistungen, auch im Hinblick auf einige allgemeine Forderungen zur Gestaltung von Prüfungen:

Die Prüfung muß kontrollieren, was mit großer Wahrscheinlichkeit für die praktische Arbeit nützlich ist.

Prüfungen sollen dazu beitragen, das Erlernte in seinen Grundzügen zu einem dauerhaften Besitz werden zu lassen.

Die Prüfung muß Motiv der Herausforderung zur Leistung sein.

Der Ausbildungserfolg muß an möglichst zahlreichen Leistungen gemessen werden, um das Risiko zu streuen (vielfältige Prüfungsformen bei freier Wahl).

Rationalität und Kontrolle.

Objektivierung versus Individualität.

Die Wahlfachgruppen in der Juristenausbildung

Von Werner Biebl

I.

1. Die Frage der Wahlfachgruppen in der juristischen Ausbildung hängt in ihrem Ausgangspunkt mit dem schon oft so eingehend erörterten Problem Einheitsjurist oder Spezialjurist zusammen. Ich glaube aber, diese umstrittene Frage heute hier ausklammern zu können. Denn der Gesetzgeber hat mit dem Gesetz zur Änderung des Deutschen Richtergesetzes vom 10. September 1971 (BGBl. I S. 1557) das Festhalten am Einheitsjuristen bekräftigt, wie sich dies auch aus den Materialien zu dieser Novelle ergibt. Diese Entscheidung des Bundesgesetzgebers war dann letztlich auch Grundlage für die Überlegungen zu den Wahlfachgruppen.

2. Die Diskussion um die Einführung von Wahlfachgruppen geht weit zurück. Sie war z. B. u. a. auch Thema des Arbeitskreises für Fragen der Juristenausbildung e.V., der 1954 auf Initiative von Professor Husserl gegründet wurde. Dieser Arbeitskreis legte seinen Reformplan 1960 vor, der ein Grundstudium, Vorprüfung, praktisches Studiensemester und ein Vertiefungsstudium empfahl, also beinahe schon eine einstufige Juristenausbildung. Von allen Vorschlägen kam jedoch nur die Verkürzung des Vorbereitungsdienstes von $3^1/_2$ auf $2^1/_2$ Jahren mit einer Verlängerungsmöglichkeit auf 3 Jahre zum Zuge (Gesetz vom 18. August 1965 BGBl. I S. 891).

3. a) In der Folgezeit wurde die Diskussion um eine Aufteilung des Stoffes in Pflicht- oder Kernfächer und Wahlfachgruppen in den verschiedensten Gremien, insbesondere auch im Reformausschuß des Fakultätentags weitergeführt. In seinen „Münchener Beschlüssen zur Fortführung der Studienreform" vom 16./17. 2. 1968 empfahl er eine Aufteilung des Prüfungsstoffes auf Kernfächer und Wahlfachgruppen.

Diese Beschlüsse hatten folgenden Inhalt: Der Prüfungsstoff sollte auf einige Kernfächer (obligatorische Prüfungsfächer) sowie eine Wahlfachgruppe beschränkt werden.

Als Pflichtfächer waren vorgesehen:

1. BGB: Allgemeiner Teil, Schuldrecht, Sachenrecht;
2. Strafrecht: Allgemeiner und Besonderer Teil;
3. Staats- und Verwaltungsrecht;
4. Zivil- und Strafprozeßrecht.

Dazu sollten nach Wahl des Kandidaten die Fächer einer der folgenden Wahlfachgruppen kommen:

a) Familien-, Erb-, Gesellschaftsrecht;
b) Handels-, Arbeits-, Wirtschafts- und Wertpapierrecht;
c) Rechtshistorische Fächer;
d) Allg. Staatslehre, Verfassungsgeschichte der Neuzeit, Kirchenrecht;
e) Völkerrecht, Internationales Privatrecht, Europarecht;
f) Grundlagen der Rechtswissenschaft (wie Rechtsphilosophie, Allg. Rechtslehre, Rechtssoziologie);
g) Kriminologie, Strafvollzug, Jugendstrafrecht;
h) Gerichtsverfassungsrecht, Zwangsvollstreckungsrecht, Konkursrecht, Freiwillige Gerichtsbarkeit, Verwaltungsgerichtsbarkeit.

b) Die scharfe Kritik, auf die diese Beschlüsse stießen, veranlaßte die Vollversammlung des Fakultätentages am 21. 6. 1968 in Freiburg zu verschiedenen Änderungen und zu einer Zurückverweisung der Vorlage an den Ausschuß.

Maßgeblich war dafür insbesondere die Befürchtung, die Münchener Beschlüsse würden zwangsläufig zu einer Verflachung des Jura-Studiums führen, weil insbesondere auch die sogenannten Grundlagenfächer vernachlässigt würden. Die Reformkommission wurde beauftragt, durch eine Generalklausel diese Mißverständnisse auszuschalten, insbesondere den Vorwurf, daß die Prüfung ausschließlich „positivistisch“ orientiert sei; zusätzlich sollten die Pflichtfächer im Prüfungskatalog erweitert werden.

c) Unter dem Vorsitz von Prof. P. Schneider (Mainz) einigte sich der Ausschuß im September/Oktober 1968 auf Empfehlungen zur Neufassung der Münchener Beschlüsse, die als „Mainzer Beschlüsse“ nach erneuter Beratung in den Fakultäten vom Plenum der Konferenz der Dekane der Rechtswissenschaftlichen Fakultäten am 8. 2. 1969 in Mainz in wiederum geänderter Form bekanntgemacht wurden. Diese „Mainzer Beschlüsse“ brachten folgende Generalklausel, die sogenannte „Bezügeklausel“, wonach „Die Studienfächer, auf die sich die Prüfung erstreckt, nicht nur hinsichtlich des positiven Rechts und seiner rechtsdogmatischen Erfassung, sondern unter Berücksichtigung der besonderen wissenschaftlichen Interessen des Prüflings auch hinsichtlich der rechtstheoretischen, politischen, gesellschaftlichen und geschichtlichen Voraussetzungen, die für das Verständnis des geltenden Rechts und seiner Dogmatik erforderlich sind, Gegenstand der Prüfung sind".

Für die Wahlfachgruppe wurde eine neue Fächerbildung vorgeschlagen:

1. Rechtshistorische Fächer;
2. Rechtstheorie, Rechtsphilosophie, Rechtssoziologie;
3. Handels- und Wirtschaftsrecht;
4. Internationales Privatrecht und Rechtsvergleichung;
5. Recht der freiwilligen Gerichtsbarkeit, Konkurs- und Vergleichsrecht sowie Recht des Schiedsgerichtsverfahrens;
6. Jugendstrafrecht, Strafvollzug, Kriminologie und Kriminalpolitik;
7. Allg. Staatslehre, Verfassungslehre, Geschichte der politischen Ideen und Verfassungsgeschichte;
8. Völkerrecht, Europarecht und internationale Beziehungen;
9. Verwaltungslehre und Besonderes Verwaltungsrecht.

Weiterhin sollten die Fakultäten ermächtigt werden, Auswahlgebiete aus den Gesamtgebieten der Wahlfachgruppen 1 und 2 zu empfehlen und zusätzlich weitere Wahlfachgruppen anzuregen.

d) Auch der Reformausschuß der Justizministerkonferenz hatte den Auftrag, Vorschläge für die Neugestaltung der juristischen Ausbildung zu erarbeiten und dabei insbesondere zu versuchen, eine möglichst einheitliche Regelung für alle Länder zu erreichen. Den Beratungen des Reformausschusses lagen die schon erwähnten „Mainzer Beschlüsse" zugrunde. Es wurde auch dasselbe Ziel verfolgt, nämlich die stoffliche Entlastung der Ersten Juristischen Staatsprüfung in Verbindung mit einer exemplarischen, aber vertieften Ausbildung. Die Vorschläge des Reformausschusses wurden von der Justizministerkonferenz am 30. Oktober 1969 gebilligt. Danach sollten sich die Wahlfachgruppen folgendermaßen aufteilen:

1. Rechtsgeschichte, Rechtsphilosophie, Rechtssoziologie;
2. Aus der freiwilligen Gerichtsbarkeit: Verfahrensgrundsätze, Vormundschafts-, Nachlaß- und Grundbuchsachen; Insolvenzrecht; Internationales Privatrecht;
3. Kriminologie; Jugendstrafrecht; Strafvollzug;
4. Verwaltungslehre;

   Aus dem Besonderen Verwaltungsrecht: Beamtenrecht, Raumordnungs- und Baurecht, Straßenrecht, Wirtschaftsverwaltungsrecht;

5. Allg. Staatslehre; Völkerrecht; Europarecht;
6. Handels- und Gesellschaftsrecht; Wettbewerbs- und Kartellrecht; Grundzüge der Bilanzkunde und des Steuerrechts;
7. Mitbestimmungs-, Betriebsverfassungs- und Personalvertretungsrecht; Grundzüge des Sozialversicherungsrechts.

Diese Vorschläge bildeten dann die Grundlagen für die in den folgenden Jahren vorgenommenen Änderungen der Ausbildungsgesetze bzw. Verordnungen der einzelnen Länder.

e) Entsprechend den Beratungen für die Wahlfachgruppen im Studium wurden die Fragen einer Spezialisierung im Vorbereitungsdienst erörtert. Es wurde eine Pflichtwahlstation vorgesehen. Der Reformausschuß der Justizministerkonferenz schlug hierfür eine Zusammenfassung in 7 Bereiche vor:

(1) Streitentscheidende Zivilrechtspflege
(2) Gestaltende Zivilrechtspflege
(3) Strafrechtspflege
(4) Verwaltung
(5) Arbeit
(6) Sozialrecht
(7) Wirtschaft und Finanzen.

f) In der oben erwähnten Novelle zum Deutschen Richtergesetz vom 10. 9. 1971 wurde dann die Pflichtwahlstation mit einer Dauer von mindestens 3 Monaten in das Deutsche Richtergesetz aufgenommen und in der Folgezeit in den Ländern mit einer Dauer zwischen 3 - 6 Monaten eingeführt.

II.

1. Wenn man die Wahlfachgruppen der Ersten Juristischen Staatsprüfung in den einzelnen Ländern vergleicht, so ergibt sich, zumindest äußerlich, eine doch verhältnismäßig weitgehende Übereinstimmung. Die Zahl schwankt zwischen 7 - 11, tatsächlich ist die Höchstzahl aber wegen der in den einzelnen Ländern gegebenen Möglichkeit einer weiteren Untergliederung allerdings größer.

Der Vorschlag der Justizministerkonferenz zur inhaltlichen Gestaltung wurde — freilich mit mehr oder weniger großen Änderungen — übernommen, am stärksten weichen wohl Hamburg, Hessen und Rheinland-Pfalz ab, während Bayern und Nordrhein-Westfalen weitgehend übereinstimmen. Recht unterschiedlich ist die Berücksichtigung in der Prüfung ausgefallen. In einer Reihe von Ländern wird eine Aufsichtsarbeit aus der Wahlfachgruppe gegeben, die zugleich auch noch im mündlichen Teil der Prüfung berücksichtigt wird, so in Baden-Württemberg, Bayern, Rheinland-Pfalz und Saarland. In anderen Ländern besteht die Möglichkeit, die Wahlfachgruppe in die Hausarbeit einfließen zu lassen; die Klausuren beschränken sich dann allerdings auf den Pflichtstoff (so Hamburg, Niedersachsen und Schleswig-Holstein).

2. Die Vorschläge des Reformausschusses für eine Gruppenbildung in der Pflichtwahlstation und eine entsprechende Berücksichtigung in der Prüfung haben nur in sehr geringem Maße in die Landesgesetze bzw. -Verordnungen Eingang gefunden. Während Bayern 4 Wahlfachgruppen geschaffen hat (Justiz, Verwaltung, Wirtschaft-Finanzwesen und als 4. Gruppe Arbeits- und Sozialrecht), hat eine Reihe von Ländern im Grunde genommen nur die Aufzählung von möglichen Stellen für die Pflichtwahlstation in § 5 a Abs. 1 S. 2 Nr. 5 DRiG übernommen. Eine Bildung von einzelnen Gruppen ist außer in Bayern eigentlich nur noch in Hessen erfolgt, das die Vorschläge des Reformausschusses übernommen und noch um eine weitere zusätzliche Gruppe, nämlich „Rechtsgestaltung und Planung“, erweitert hat. Die Berücksichtigung in der Prüfung ist sehr unterschiedlich. Es geht von einem festen Zahlenwert wie in Bayern mit einer Klausur und einer Note im mündlichen Teil der Prüfung bis zur völligen Belanglosigkeit. Eine Verbindung zwischen den Wahlfachgruppen im Studium und der Pflichtwahlstation besteht nur in recht geringem Umfang.

3. Ganz anders ist die Situation insoweit bei der einstufigen Juristenausbildung. Dort wird statt Wahlfachgruppen auch von Spezialausbildung oder Schwerpunktausbildung gesprochen. Die Zahl der Gruppen ist wesentlich geringer als bei der herkömmlichen Ausbildung. Sie schwankt zwischen drei und fünf. Fünf Gruppen hat Bayern, nämlich Justiz, Verwaltung, Wirtschaft-Finanzwesen, Arbeits- und Sozialrecht und Internationales und Ausländisches Recht. Die letzte Gruppe ist allerdings erst später eingeführt worden. Bezüglich der ersten vier Gruppen stimmt Rheinland-Pfalz damit überein. Vier Gruppen haben auch Hamburg (Arbeit-Wirtschaft, Familie und soziale Infrastruktur, Staat und Verwaltung und als 4. abweichendes Verhalten und soziale Kontrollen, insbesondere sozialschädliches Verhalten und Strafrecht) und Niedersachsen (Zivilrechtspflege, Strafrechtspflege, Staat und Verwaltung und als 4. Gruppe Wirtschaft, Arbeit und soziale Sicherung). Auf drei Gruppen beschränkt haben sich Baden-Württemberg (Justiz, Verwaltung-Finanzen und als 3. Gruppe Wirtschaft und Arbeit), Bremen (Arbeit mit Wirtschaft, Verwaltung und als 3. Gruppe Sozialisation, Kri-

minalität mit Resozialisation) und Nordrhein-Westfalen (Zivilrechtspflege, Strafrechtspflege und öffentliche Verwaltung).

III.

Was sind nun die Erfahrungen, die man bisher mit den Wahlfachgruppen gemacht hat? Kann man schon auf Ergebnisse zurückgreifen? Da Ergebnisse auf jeden Fall zunächst einmal an den gesetzten Zielen zu messen sind, ist es erforderlich, zuerst noch kurz auf einige wesentliche Vorstellungen einzugehen, die den Wahlfachgruppen zugrundegelegt waren, und zu ergründen zu suchen, was mit den Wahlfachgruppen erreicht werden sollte.

1. a) Eine Rolle spielte seinerzeit sicherlich der Gedanke, Studium und Prüfung zu erleichtern. Durch Wahlfachgrupen sollte es ermöglicht werden, den Pflichtstoff wesentlich zu verringern.

aa) Dieses „*Vereinfachungsmotiv*“ war Triebfeder vor allem bei den Studenten bzw. denen, die als ihre Vertreter auftraten. Das ist durchaus verständlich; denn wer möchte nicht seine Arbeit erleichtert haben.

bb) Der Vereinfachungsgedanke wurde auch noch mit einer anderen Zielrichtung vertreten. Damals in den 60er Jahren hatte man verschiedentlich die große Besorgnis, zu wenig Akademiker auszubilden. Wenn man also die Anforderung an Studium und Prüfung erleichterte, konnte man hoffen, daß mehr junge Leute Juristen würden. Seinerzeit wurde ja ein großer Mangel an Juristen prophezeit. Heute wissen wir, daß diese Prognosen falsch waren.

cc) Schließlich wollte man durch eine Erleichterung eine Verkürzung der Ausbildung erreichen. Das damalige durchschnittliche Studium von 9 Semestern erschien viel zu lange, da anschließend ja noch der Vorbereitungsdienst abzuleisten war.

b) Demgegenüber sah man aber auch nicht die Erleichterung, die Vereinfachung im Vordergrund, sondern die durch eine Verringerung des Pflichtstoffes freigewordene Lernkapazität der Studenten sollte für die vertiefte Ausbildung in der Wahlfachgruppe verwendet werden. Man hoffte durch die vertiefte exemplarische Ausbildung ein dreifaches zu erreichen:

aa) Einmal sollte der Student solide Kenntnisse auf einem Rechtsgebiet erhalten, wobei man z. T. erwartete, damit auch einen Grundstein für die künftige Berufswahl und -ausübung legen zu können. Dem sollte insbesondere auch die Spezialisierung im Vorbereitungsdienst dienen.

bb) Der Student sollte weiter seinen besonderen Neigungen nachgehen können. Dadurch wurde eine Steigerung der Motivation und als Folge davon eine intensivere Ausbildung erwartet.

cc) Schließlich sollte der Student durch die vertiefte Ausbildung auf einem begrenzten Gebiet befähigt werden, sich in ihm unbekannte Bereiche schnell einzuarbeiten. Das gründliche, vertiefte Erlernen juristischer Arbeitsweise und juristischer Methoden stand also mit im Vordergrund.

c) Nicht völlig übersehen werden darf, daß man zum Teil mit den Wahlfachgruppen, mit der Spezialisierung, einen Schritt vorwärts auf dem Wege zur Abschaffung des Einheitsjuristen machen wollte, der ja gerade in den 60er Jahren sehr umstritten war. Andererseits stand sicher manchmal auch der Gedanke, durch eine begrenzte Spezialisierung, also durch Wahlfachgruppen, den Einheitsjuristen erhalten zu können.

2. Wie haben sich diese Zielvorstellungen verwirklicht? Zunächst ist zu bemerken, daß eine allgemeine Untersuchung über die Wahlfachgruppen nicht vorliegt. Es ist deshalb sehr schwer, aus den einzelnen Äußerungen hierzu klare Ergebnisse festzustellen. Vielleicht wird die Zentrale Forschungsgruppe zur Juristenausbildung hier noch neue Erkenntnisse bringen können. Es müssen hier in gewissem Umfang Vermutungen angestellt werden, soweit sich dafür einige Fakten anführen lassen. Die Vorläufigkeit solcher Aussagen darf aber nicht außer acht gelassen werden.

3. Betrachten wir zunächst die Wahlfachgruppen während des Studiums.

a) Ob die angestrebte Erleichterung der Ausbildung als Ganzes erreicht worden ist, kann bezweifelt werden. Sicher hat die Stoffbeschränkung Vorteile gebracht. Wenn man aber sieht, wie sehr sich die durchschnittliche Studienzeit seit der Einführung der Wahlfachgruppen verlängert hat, nämlich auf 11 Semester — die Hoffnung auf eine Verkürzung war also falsch —, so scheint das nicht auf eine Vereinfachung zu deuten. Die Stimmen aus den Kreisen der Studenten sprechen wohl eher dagegen. Mehr geworden sind freilich die Juristen. Ursächlich dafür sind aber wohl ganz andere Gründe.

b) Wie sieht es mit der angestrebten Vertiefung aus?

aa) Die Hoffnung, daß die Studenten die Gebiete ihrer besonderen Neigung wählen würden, ist ziemlich enttäuscht worden. Die Zusammenstellungen über die Verteilung der Studenten auf die einzelnen

Wahlfachgruppen zeigen, daß die Beliebtheit einer Wahlfachgruppe weitgehend davon abhängt, ob sie als leicht oder schwer eingeschätzt wird. In diese Richtung gehen auch die Stimmen vieler Professoren. Das wird im übrigen immer wieder bei Gesprächen mit Studenten bestätigt. Allerdings darf nicht verkannt werden, daß ein Teil der Studenten sicher die Wahl nach seiner Neigung trifft; ich glaube aber, daß es der wesentlich kleinere Teil ist.

bb) Die Frage, ob eine echte vertiefte Ausbildung gelungen ist, kann nicht eindeutig beantwortet werden. Wenn man mit Profesoren oder Prüfern der Wahlfachgruppen spricht, so werden hier erhebliche Zweifel angemeldet, die allerdings für die einzelnen Wahlfachgruppen doch recht verschieden ausfallen. Bei den für schwer erachteten Gruppen scheint der Erfolg hier wesentlich größer zu sein als bei den anderen. Die Hoffnung, die Studenten in der juristischen Arbeit als solche besonders zu befähigen, erscheint nur begrenzt in Erfüllung gegangen zu sein. Denn von einem Leistungsanstieg in den Pflichtfächern oder sonst kann wohl nicht die Rede sein. Das ist auch aus mehreren Veröffentlichungen in der letzten Zeit zu entnehmen.

2. Darüber, wie sich die Pflichtwahlstation im Vorbereitungsdienst bewährt hat, lassen sich nur wenig Äußerungen finden. Viele Referendare scheinen diese Station vor allem als Zeit für die Examensvorbereitung, manche aber auch als Erholungszeit anzusehen, was dem Gedanken der speziellen Vorbereitung auf einen bestimmten Beruf sicher widerspricht.

3. Gering sind auch noch die Erfahrungen mit der Spezialisierung in der einstufigen Juristenausbildung. Denn außer in Augsburg und Bremen ist die Ausbildung eines Jahrgangs noch bei keinem anderen Modell abgeschlossen worden. Für Augsburg kann ich feststellen, daß sich die Vertiefungsphase bei dem 1. Jahrgang grundsätzlich bewährt hat. Bevor etwas Endgültiges gesagt werden kann, muß allerdings noch die Entwicklung der nächsten Jahre abgewartet werden. Der 1. Jahrgang hat seine Wahl sicher zum größeren Teil nach Neigung und nicht aus Prüfungsberechnung getroffen. Durch den breiten Zuschnitt ist eine allzu enge Spezialisierung vermieden worden, zumal der allgemeine Pflichtstoff auch während der Spezialisierungsphase nicht vernachlässigt wurde. Das Ergebnis der ersten Schlußprüfung hat gezeigt, daß die „Augsburger“ in ihren Kenntnissen und Fähigkeiten in den allgemeinen grundlegenden Gebieten den herkömmlichen Referendaren nicht nachstehen, sondern sogar leicht darüber liegen, obwohl sicherlich für die Spezialisierung in Augsburg ein größerer Teil der Ausbildungszeit verwendet wurde als in der zweistufigen Ausbildung.

4. Die Wahlfachgruppen haben neben Lob auch viel Kritik gefunden.

a) Positiv angemerkt wurde die doch verschiedentlich tatsächlich erfolgte Vertiefung. Günstig beurteilt wird auch die Möglichkeit einer Ausbildung in Fächern, die kaum eine Chance haben, in den Pflichtstoff einbezogen zu werden.

b) Die kritischen Äußerungen lassen sich weitgehend auf einige Hauptpunkte konzentrieren.

aa) Beklagt wird die Verarmung der juristischen Ausbildung, indem wesentliche Gebiete aus den Pflichtfächern herausgenommen und den Wahlfächern zugeschlagen worden sind und deshalb nur ein kleiner Teil der Studenten darin noch ausgebildet wird. Als widersprüchlich wird beurteilt, daß man einerseits von Grundlagenfächern spricht, z. B. Rechtsgeschichte, Rechtsphilosophie usw., andererseits diese Gebiete jedoch nicht mehr allen jungen Juristen vermittelt, sondern nur mehr den wenigen, die sich für die betreffende Wahlfachgruppe entschieden haben. Die erwähnte „Bezügeklausel" nach den „Mainzer Beschlüssen" hat diesem Mangel wohl nicht abhelfen können.

bb) Kritisch beurteilt wird auch die fehlende Übereinstimmung zwischen den Wahlfachgruppen im Studium und den Möglichkeiten in der Pflichtwahlstation.

cc) Und zuletzt hat die Einteilung der Gruppen weitgehend nur Tadel gefunden. Dem einen sind es zu viel, den anderen zu wenig. Neue Gruppen werden vorgeschlagen. Die Stoffverteilung soll geändert werden. Beklagt wird auch, daß die einzelnen Gruppen im Studium viel zu wenig Bezug zu Berufsfeldern haben und vielfach überhaupt nicht auf eine spätere Tätigkeit ausgerichtet sind.

IV.

Diese Kritik, glaube ich, kann man nicht so ohne weiteres übergehen. Es liegt gerade dem Vorwurf der Verarmung der Ausbildung ein gewichtiger Kern zugrunde. Deshalb stellt sich die Frage, wie man hier weiter vorgehen soll, insbesondere auch im Hinblick auf die am 15. 9. 1981 ablaufende Experimentierfrist für die einstufige Ausbildung. Denn dieser Zeitpunkt bietet sich für eine Neuregelung an.

1. Die erste Überlegung muß sein, ob man die Wahlfachgruppe, die begrenzte Spezialisierung oder Vertiefung, überhaupt beibehalten oder völlig abschaffen will. Schon manche Stimme hat sich für eine generelle Beseitigung erhoben. Ich meine aber, man sollte vorsichtig sein. Wie schon betont, reichen derzeit die Erfahrungen noch nicht für ein

endgültiges Urteil aus. Es sollte weiter die Möglichkeit für Wahlfächer gegeben werden, aber auch nicht ausgeschlossen werden, daß man versucht, eine Neuregelung des Pflichtstoffes zu erreichen und — vielleicht auch nur für das Studium — überlegt, ob dann nicht die Wahlfächer entbehrlich sind.

2. Dem schließt sich eine zweite Überlegung an. Wann ist der richtige Zeitpunkt für Wahlfachgruppen? Liegt er schon im Studium oder erst im Vorbereitungsdienst? Hierzu können wir in nächster Zeit auf Erfahrungen in der einstufigen Juristenausbildung zurückgreifen, bei der verschiedentlich die Spezialisierung oder Vertiefung, also die Wahlfachgruppen, erst in die letzten 2 Jahre der Ausbildung eingeordnet ist. Für eine relative späte Ansiedlung der Wahlfachgruppen spricht der Gedanke, daß eine Vertiefung um so erfolgreicher sein wird, je größer die grundlegenden Kenntnisse sind.

3. Hat man sich bei den ersten beiden Fragen zu einer Entscheidung im Sinne einer Beibehaltung von Wahlfächern durchgerungen, dann kommt der praktisch schwierigste Punkt, die Einteilung. Hierzu sind eingehende Überlegungen notwendig. Eines läßt sich sicherlich sagen, daß wesentliche Änderungen nötig sind, und auf jeden Fall bei den Wahlfächern im Studium und im Vorbereitungsdienst eine Übereinstimmung herbeigeführt werden soll. Gerade das ist der Punkt, an dem möglicherweise auf die in der einstufigen Ausbildung gewonnenen Erfahrungen zurückgegriffen werden kann.

Hier einen allgemeinen Konsens zu finden, wird viel Zeit brauchen und sicher über den 15. September 1981 andauern. Denn die immer wieder angesprochene Reform der Juristenausbildung ist nicht ein einmaliges Werk, das etwa zum 15. September 1981 endgültig für alle Zeiten stehen muß, sondern wir müssen uns ständig bemühen, müssen uns immer wieder überlegen, was an der juristischen Ausbildung verbessert werden und wie der juristische Nachwuchs am besten für seine zukünftigen Aufgaben vorbereitet werden kann.

Rückkehr zur einheitlichen Juristenausbildung?*

Von Walther Richter

Die sog. Ausbildungsnovelle zum Deutschen Richtergesetz vom 10. 9. 1971[1] hat nicht nur den Vorbereitungsdienst von 2½ Jahren (bzw. unter Einschluß der überwiegend in Anspruch genommenen Wahlstation von 6 Monaten in der Regel von 3 Jahren) auf zwei Jahre verkürzt, sondern auch in § 5 b die Länder ermächtigt, Studium und praktische Vorbereitung in einer gleichwertigen Ausbildung zusammenzufassen, und damit den Weg für die einstufige Juristenausbildung neben der bisherigen zweistufigen Ausbildung eröffnet. Nach Art. III § 2 dieses Änderungsgesetzes zum Deutschen Richtergesetz tritt dieser § 5 b mit Ablauf des 15. 9. 1981, also nach 10 Jahren, mit der Maßgabe außer Kraft, daß eine vor diesem Zeitpunkt begonnene einstufige Ausbildung in dieser Form abgeschlossen werden kann. Hiernach würde bei einer 6 Jahre in Anspruch nehmenden Ausbildung, wenn sie im Wintersemester 1980/81 begonnen werden kann, der letzte einstufige Ausbildungsjahrgang (1. 10. 1980) im Herbst 1986, bei Beginn im Sommersemester 1981 im Frühjahr 1987 seine Ausbildung in der Regelzeit beenden können.

Schon sind Evaluierer zur Auswertung der einzelnen einstufigen Modelle eingesetzt, und eine Zentrale Kommission für die einstufige Juristenausbildung in Mannheim soll die Entscheidung, ob die ein- oder zweistufige Ausbildung Regelausbildung werden oder die Frist des 15. 9. 1981 verlängert werden soll, vorbereiten helfen. In der Tat ist es bereits jetzt notwendig, in Überlegungen einzutreten, was nach dem 15. 9. 1981 werden soll, ob die ein- oder die zweistufige Ausbildung die alleinige Ausbildungsform werden oder ob — mangels hinreichender Erkenntnisse — die sog. Experimentierklausel des § 5 b DRiG über den 15. 9. 1981 hinaus verlängert werden soll.

Die ersten einstufigen Modelle begannen im Wintersemester 1971/72 in Augsburg (sog. Münchener Modell) und in Bremen (sog. Bremer Modell), d. h. die ersten Jahrgänge der einstufigen Ausbildung haben im

---

* Die Ausführungen geben die ganz persönliche Ansicht des Verfassers wieder; sie haben keinen offiziellen oder auch nur offiziösen Charakter.

1 BGBl. I S. 1557.

Herbst 1977 bzw. im Frühjahr 1978 ihr Examen abgelegt. Der letzte einstufige Ausbildungsgang hat im Wintersemester 1977/78 in Bayreuth begonnen, wo auf der Grundlage des Münchener Modells der Studiengang des „Wirtschaftsjuristen“ angeboten wird. Dazwischen liegt der Beginn der übrigen Modelle: Bielefeld WS 1973/74, Trier, Konstanz, Hannover und Hamburg WS 1974/75. Von den 11 Bundesländern haben nur Berlin, Hessen, Saarland und Schleswig-Holstein auf ein eigenes Ausbildungsmodell verzichtet, so daß 7 Bundesländer unterschiedliche Ausbildungsmodelle ins Werk gesetzt haben.

Diese Modelle können — bei allen Unterschiedlichkeiten im einzelnen — auf zwei Grundformen zurückgeführt werden: das Intervallmodell, bei dem das Hauptgewicht auf traditionelle Kenntnis des Rechts und der Rechtsanwendung mit Schwerpunktbildung gegen Ende der Ausbildungszeit gelegt wird — hierzu rechnet das Münchener Modell, der Versuch von Rheinland-Pfalz, der hierauf wesentlich aufbaut, das baden-württembergische Modell und schließlich auch das Bielefelder Modell, in denen allen die Praxisabschnitte dem jeweiligen Wissensstand entsprechend in der theoretischen Universitätsausbildung zwischengeschaltet werden, — und das Integrationsmodell, das in Bremen, Hamburg und Niedersachsen erprobt wird, in dem theoretische und praktische Ausbildung in einem engeren Verbund stehen und die praktische Ausbildung wesentlich von der Universität her gesteuert wird.

Zählt man zu diesen (mit Bayreuth) acht in Ausbildungsgang und Prüfungsanforderungen unterschiedlichen Modellen noch das System der zweistufigen Ausbildung, das seinerseits vor allem im Prüfungssystem differenziert ist, dann sind wir in unserer kleinen Bundesrepublik mittlerweile bei neun Ausbildungssystemen angelangt, ein Zustand, der von niemandem als wünschenswert angesehen werden kann.

Die Gemeinsamkeit dieser unterschiedlichen Ausbildungssysteme beruht im wesentlichen im Festhalten am Einheitsjuristen und an einer sowohl theoretischen wie praktischen Ausbildung mit dem Ziele, daß der so ausgebildete Nachwuchsjurist die Grundlagen für die praktische Betätigung als Jurist erhält. Viel mehr Gemeinsamkeit ist nicht mehr vorhanden, obwohl auch diese schmale gemeinsame Basis nicht gering veranschlagt werden sollte, da auf diese Weise trotz Schwerpunktbildung in einzelnen einstufigen Modellen die Spezialisierung der Ausbildung nach juristischen Berufszweigen und damit eine weitere Zersplitterung vermieden werden konnte.

Die 49. Konferenz der Justizminister und -senatoren hat am 31. 5. und 1. 6. 1978 nach Ziff. IX ihrer Beschlüsse den Ausschuß zur Reform der Juristenausbildung mit einem bis zum 31. 1. 1979 zu erstellenden Bericht beauftragt, in dem geprüft werden soll, ob die Ausbildungsvorschriften des Deutschen Richergesetzes geändert werden sollen, insbesondere auch im Hinblick auf die Verlängerung der Experimentierphase und die Dauer des Vorbereitungsdienstes[2]. Hier dürfte eine Rolle spielen, daß von den Vertretern der einstufigen Modelle darauf hingewiesen wird, daß die Experimentierzeit zu kurz sei, um zu verläßlichen Ergebnissen zu gelangen, und vielfach erst in der Erprobung Änderungen vorgenommen worden seien, deren Beurteilung erst später möglich sei. Diese Auffassung wird auch von der Arbeitsgemeinschaft sozialdemokratischer Juristen[3] vertreten, die sich für eine Verlängerung der Experimentierphase einsetzt.

Die Konferenz der Präsidenten der Oberlandesgerichte hat sich dagegen auf ihrer diesjährigen Tagung Ende Mai gegen eine Verlängerung der 1981 auslaufenden Experimentierphase ausgesprochen, da sich trotz noch nicht möglicher abschließender Beurteilung der verschiedenen einstufigen Modelle schon jetzt gezeigt habe, daß die besonders günstigen Bedingungen, unter denen diese Modelle arbeiteten, sich nicht auf die gesamte Juristenausbildung übertragen ließen und die Wiederherstellung einer weitestgehend einheitlichen Juristenausbildung dringend geboten sei.

Bis zum Ende der jetzigen Experimentierphase stehen noch zwei Jahre zur Verfügung, in Anbetracht der Schwerfälligkeit unseres Gesetzgebungsverfahrens ein verhältnismäßig kurzer Zeitraum, um die Grundlagen für die zu treffende Entscheidung zu erarbeiten. Dabei wird zunächst in der Tat zu prüfen sein, ob die Erfahrung mit den zum großen Teil erst seit 4 Jahren angelaufenen Modellen ausreicht, um eine abschließende Entscheidung für die ein- oder für die zweistufige Ausbildung zu treffen, oder ob andere Gründe gegen die Fortsetzung der Experimente sprechen, schließlich ob es erforderlich ist, angesichts einer zu schmalen Erfahrungsbasis die Experimentierfrist zu verlängern, um die endgültige Entscheidung für das eine oder das andere Ausbildungssystem noch hinauszuschieben.

Ich meine, daß der gegenwärtige Zustand der Zersplitterung unseres Ausbildungswesens so schnell wie nur irgend möglich beseitigt werden sollte und daß eine Verlängerung der Experimentierfrist nur dann ins Auge gefaßt werden sollte, wenn begründete Anhaltspunkte dafür bestehen, daß das eine oder das andere einstufige Ausbildungsmodell geeignet ist, das alleinige Ausbildungssystem für den juristischen Nachwuchs zu werden. Wenn aber schon jetzt gesagt werden kann, daß das nicht der Fall sein wird, sollte die Entscheidung für eine einheitliche Juristenausbildung ohne Verlängerung der Experimentierphase getroffen werden.

---

[2] DRiZ 1978, 274 f.

[3] JuS 9/1978 S. IV.

Um nun zu ermessen, inwieweit die einstufigen Modelle zu einer Verbesserung der Ausbildung geführt haben und allgemein führen können, wird von den Reformzielen auszugehen sein, die Grund für die Ausbildungsnovelle des Jahres 1971 waren, und zu prüfen sein, inwieweit diese in den einstufigen Ausbildungsgängen verwirklicht worden sind.

Die Kritik gegenüber der überkommenen zweistufigen Ausbildung hatte drei wesentliche Beanstandungen, deren Behebung die drei Ziele der Ausbildungsreform waren:

1. Der Vorbereitungsdienst mit $2^1/_2$ Jahren, die wegen der üblichen Inanspruchnahme der Wahlstation von 6 Monaten praktisch 3 Jahre waren, wurde angesichts einer durchschnittlichen Studiendauer von damals 9 Semestern als zu lang angesehen, da so der Nachwuchsjurist über Gebühr lange auf der Schulbank festgehalten und daran gehindert wurde, mit etwa 25 oder 26 Jahren in das Berufsleben einzutreten. Die Kritik führte zur Verkürzung des Vorbereitungsdienstes auf 2 Jahre bei einem vorhergehenden Pflichtstudium von 7 Semestern, so daß ohne Examenszeiten die Mindestausbildungsdauer in der zweistufigen Ausbildung $5^1/_2$ Jahre betrug. Dementsprechend wurde die Dauer der einstufigen Juristenausbildung auf mindestens $5^1/_2$ Jahre festgesetzt, die aber in allen Modellen (meist unter Einschluß der Examenszeit) auf 6 Jahre bemessen wurde.

Die Ausbildung dauert daher theoretisch in beiden Ausbildungsgängen gleich lang, jedoch hat sich die zweistufige Ausbildung durch die zunehmende Verlängerung der Studienzeiten (gegenwärtig durchschnittlich fast 11 Semester) um fast 2 Jahre gegenüber der Mindestdauer verlängert. Aber zum einen verlängert sich auch die Ausbildungsdauer im einstufigen System in der Regel jeweils um 1 Jahr, wenn der Student das Ausbildungsziel in einem Abschnitt nicht erreicht, da er dann — bei den meist auf Jahrgänge ausgerichteten einstufigen Modellen — ein volles Jahr verliert. Zum anderen wird man dem jungen Juristen auch die Möglichkeit nicht verschließen können, die Mindeststudiendauer um ein Jahr zu überziehen, so sehr auch ein zügiger Abschluß des Ausbildungsganges erstrebt werden sollte. Wird das aber nicht gewünscht, dann kann auch in der zweistufigen Ausbildung das Studium durch ein Curriculum mit festen Studienzeiten in ähnlicher Weise wie in der einstufigen Ausbildung auf eine Regelstudienzeit begrenzt werden.

2. Die Kritik an der bisherigen Ausbildung richtete sich des weiteren gegen die scharfe Trennung von theoretischer Universitätsausbildung und praktischer Ausbildung im Vorbereitungsdienst, die mehr oder weniger unverbunden nebeneinander stünden. Das Ziel der Reform ging auf Verbindung von theoretischer und praktischer Ausbildung, und

zwar durch einen stärker praxisbezogenen theoretischen und einen stärker wissenschaftsbezogenen praktischen Teil der Ausbildung. Dem tragen sowohl die Intervall- wie auch die Integrationsmodelle Rechnung: das Intervallmodell durch eine Zwischenschaltung von Praxisstationen in die theoretische Ausbildung mit einem Vertiefungsstudium am Ende der Ausbildungszeit, das Integrationsmodell durch eine stärkere Einbindung der vorgeschriebenen Praxisstationen in die theoretische Ausbildung und den Versuch, die Theorie praxisbezogener und die Praxis theoriebezogener zu gestalten.

Diese Verbindung von Theorie und Praxis scheint in den Integrationsmodellen zu einer Überbetonung der Theorie zum Nachteil der praktischen Ausbildung zu führen. Im Bremer Modell erscheint vor allem das Zivilrechtspraktikum dem Rechtspraktikanten nicht die erforderliche praktische Ausbildung zu vermitteln. Zwar ist das Zivilrechtspraktikum inzwischen von 5 auf 6 Monate verlängert worden, jedoch stehen der gesamte erste Monat und der letzte halbe Monat ausschließlich dem Begleitkurs zur Verfügung und fallen damit für die praktische Ausbildung aus. Da in den restlichen $4^1/_2$ Monaten die abgeschichteten Prüfungsleistungen (Gutachten, Urteilsentwurf) als Teile der großen Staatsprüfung zu erbringen sind, muß mit ihnen bereits nach $2^1/_2$ Monaten bis 3 Monaten Ausbildungszeit begonnen werden. Mit Beginn der Prüfungsphase ist aber die praktische Ausbildung im Zivilrecht im wesentlichen beendet, die zu kurz ist, um dem Rechtspraktikanten einen wirklichen Einblick in die juristische Berufspraxis zu geben, der auch nicht durch Einführungs- und Begleitkurse ersetzt werden kann. Dabei werden die ausbildenden Richter, die zwar zu $^1/_3$ entlastet sind, durch die Ausbildung der ihnen zugewiesenen Kleingruppen von bis zu 4 Rechtspraktikanten in hohem Maße bis an die Grenze der Belastbarkeit gefordert, obgleich als Ausbilder besonders befähigte Richter eingesetzt werden. Die praktisch von Anfang an für den Rechtspraktikanten bestehende Prüfungssituation hemmt das unbefangene und freie Erleben wie auch das Verarbeiten der Praxis. Wiederholt wurde dabei die unerwartete Feststellung getroffen, daß der Rechtspraktikant wenig Gespür für sozialwissenschaftliche Fragen mitbringt, als ob das integrierte sozialwissenschaftliche Eingangsstudium geradezu den Blick für die Hintergründe eines Rechtsstreits verstellt. Im Strafrecht ist der Übergang vom Studium zur Praxis allerdings weniger abrupt. Da im Bremer Modell keine einzige unvorbereitete Leistung abverlangt wird, außerdem die Abschlußprüfung aus einer wissenschaftlichen Themenarbeit und einem Prüfungsgespräch über einen eng begenzten, dem Kandidaten 4 Wochen vorher bekanntgegebenen Gegenstand besteht, ferner nur die Bewertung „bestanden“ oder „nicht bestanden“, aber keine Benotung vorgesehen ist, fehlt vor allem in Hinblick auf die praktische Fertigkeit jeder Vergleichsmaßstab mit Prüfungen herkömmlicher Art.

Das mag auf dem Ansatz des Bremer Modells beruhen, in dem das Erfordernis der Gleichwertigkeit der Ausbildung nicht als substantielle Gleichwertigkeit verstanden worden ist, sondern nur als die Bindung an eine Reihe von Mindeststandards: Ausbildungsdauer nicht unter 5½ Jahren, Befähigung zur Mitarbeit in den typischen juristischen Berufen, praktische Vorbereitung bei (nicht „in Verbindung mit") Gerichten, Verwaltungsbehörden und Rechtsanwälten, Abschlußprüfung[4].

Ein ähnliches Desinteresse der Rechtspraktikanten an einer Einbeziehung der Sozialwissenschaften in die praktische Ausbildung wird auch von Praktikantenausbildern in Niedersachsen berichtet. Dort wird das Basiswissen der Rechtspraktikanten als ungenügend bezeichnet, so daß auch hier die Anforderungen der praktischen Ausbildung im Blick der Rechtspraktikanten alles andere, d. h., auch die wirtschaftlichen und sozialen Hintergründe eines Rechtsstreits zurücktreten lassen.

Die Erfahrungen des Hamburger Integrationsmodells mit der praktischen Ausbildung sind mir nicht bekannt. Jedoch könnte ich mir dort einen besseren Erfolg vorstellen, da die Einführung in die Praxis über informative Hospitationen schon von Beginn der Universitätsausbildung an erfolgt. Allerdings wird auch von Hamburg von einem erheblichen Arbeitsaufwand der Praktiker-Ausbilder berichtet.

In den Intervallmodellen dürften Studium und praktische Ausbildung besser miteinander verklammert sein. Das gilt vor allem für das Münchener Modell, von dem allgemein berichtet wird, daß die Rechtspraktikanten mit guten Kenntnissen in die Praxisausbildung eintreten, dort gut und weitgehend mit besserer Motivation als die Referendare mitarbeiten und auch mitzuarbeiten in der Lage sind[5]. Auch der Präsident des Oberlandesgerichts Hamm berichtet dies für die Praxisausbildung im Rahmen des Bielefelder Modells[6].

Nachteilig fällt aber bei den Intervallmodellen ins Gewicht, daß hier die Verschulungstendenz besonders stark ausgeprägt ist, an die Studenten und Praktikanten sehr hohe Anforderungen gestellt werden und auch die Ausbilder in den Praktika in besonders starkem Maße belastet sind.

3. Der dritte und m. E. wesentliche Punkt der Kritik am bisherigen Ausbildungssystem wandte sich dagegen, daß der Jurist zum reinen

---

[4] Bericht der Kommission für die einstufige Juristenausbildung in Bremen, herausgegeben vom Senator für Rechtspflege und Strafvollzug in Bremen, S. C 13, C 14 f.; vgl. auch S. F 2 f. des Änderungsentwurfs der Minderheit der Kommission.

[5] *Schlosser*, 4. Zwischenbericht S. 14 ff.

[6] Bericht des Präsidenten des Oberlandesgerichts Hamm — 221 E/6 - 7 — über die Durchführung der praktischen Ausbildung 1977/78 (§ 64 Abs. 6 EJAO) — Stand: 15. Februar 1978 — S. 9 f., 19.

Rechtstechniker erzogen werde, dem die Kenntnis der Zusammenhänge von Recht und gesellschaftlicher Entwicklung fehle und der kraft seiner Ausbildung daher nicht in der Lage sei, hinter dem „Rechtsfall" die gesellschaftlichen und ggf. wirtschaftlichen Probleme des Falles zu sehen, wie auch der junge Jurist nicht z. B. in Fragen der Beweiswürdigung, der Psychologie der Zeugenaussage, der Verhandlungsführung und der Vernehmungstechnik geschult werde und so das Verfahren nur als einen rein technischen Vorgang begreife. Die fächerübergreifende Verbindung der Rechtswissenschaft insbesondere mit den Gesellschaftswissenschaften war daher wesentliches Anliegen der Reform.

In den einstufigen Modellen kommt dieser Reformansatz in verschiedener Intensität zum Ausdruck. Beispielhaft erwähne ich insoweit wiederum das Bremer Modell und das Münchener Modell als Extremlösungen und das Bielefelder Modell als einen Versuch, einen mittleren Weg einzuschlagen.

Das Bremer Modell will die Einbeziehung der Sozialwissenschaften von vornherein durch das einjährige integrierte sozialwissenschaftliche Eingangsstudium, das sog. ISES, als die Grundlage der späteren Beschäftigung mit dem Recht gewährleisten. Dies hat den Nachteil, daß die ohnehin verhältnismäßig kurze Ausbildung für die rechtswissenschaftlichen Fächer und die Befassung mit der Rechtspraxis auf 5 Jahre verkürzt wird. Außerdem weiß der Student der Anfangssemester nicht recht, worüber eigentlich gesprochen wird, da ihm ja der Rechtsstoff fremd ist, der hier einer kritischen Betrachtung unterzogen wird. Schon vom Ansatz her erscheint daher eine sozialwissenschaftliche Grundlegung am Anfang problematisch. Vor allem aber hat die Erfahrung gezeigt, daß die Studenten nach den ersten beiden Semestern des ISES begierig sind, nun endlich mit dem eigentlichen Gegenstand ihres Studiums beginnen zu können, mit der merkwürdigen Folge, daß sie vielfach nicht mit einem gegenüber dem Recht kritisch geschärften Bewußtsein sich den rechtswissenschaftlichen Grundlagenfächern zuwenden, sondern, wie es ein ausbildender Richter, der sehr stark in der einstufigen Ausbildung tätig ist, ausgedrückt hat, „nach knallharter Dogmatik geradezu lechzen"[7]. Damit dürfte die bereits erwähnte Erfahrung in den Praxisstationen zusammenhängen, daß die Studenten des Bremer Modells ausgesprochen wenig Gespür für die sozialwissenschaftliche Problematik der ihnen übertragenen Rechtsstreitigkeiten haben. Günstiger allerdings ist auch hier die Situation im strafrechtlichen Bereich, wo durch die Kriminologie mehr wissenschaftliche Vorarbeit für das gesellschaftswissenschaftliche Verständnis des Strafrechts geleistet

---

[7] Vgl. *Hoffmann-Riem*, Rechtswissenschaften als Rechtsanwendungswissenschaft, in „Sozialwissenschaften im Studium des Rechts" (Bd. II, S. 1 ff., 21), der von „dogmenhungrigen Jurastudenten" spricht.

worden ist. Insgesamt gesehen ist aber das Problem des mehr oder minder unverminderten Nebeneinanderstehens von Sozial- und Rechtswissenschaften auch in Bremen noch nicht gelöst.

Das Münchener Modell ist extrem auf die Heranbildung guter Juristen herkömmlicher Art gerichtet, wie auch das zweite Staatsexamen dort weitgehend mit dem der zweistufigen Ausbildung parallel läuft. Bleibt schon „für eine individuelle Studienwahl jenseits der angebotenen Schwerpunktfächer (nach dem Zwischenexamen) nur begrenzter Raum“[8], so „verlieren die Studenten zunehmend jegliches Interesse an Lehrveranstaltungen, die Grundlagenwissen aus Nachbargebieten vermitteln“[9]. Nach diesem 4. Zwischenbericht von Prof. Schlosser kann „eine primär motivierte Befassung mit Nachbar- und Grundlagenwissen nur von einer qualifizierten Minderheit der Studenten erwartet werden“[9], während eine Sekundärmotivation bisher nicht verwirklicht werden konnte. Wenn es in diesem Zwischenbericht auch heißt, daß „eine stärkere Einbeziehung dieser Fächer in die Examina unumgänglich (ist)“[9], so wird doch kein Weg zur Verwirklichung aufgezeigt, vielmehr zu Recht die Integration der Sozialwissenschaften in die juristische Ausbildung als „das wohl am schwierigsten zu lösende Problem des Augsburger Ausbildungsganges“ bezeichnet[9]. Auch im Münchener Modell ist demnach dieses Reformziel der Einbeziehung der Sozialwissenschaften in die einstufige Ausbildung nicht verwirklicht worden.

Bielefeld — anders als Bremen — geht von dem Grundsatz aus, daß außerjuristische Disziplinen „Informations- und Verständnishilfen für die Arbeit des Juristen auf speziellen Gebieten“ und nicht Grundlagen für Lösungen oder Lösungshilfen für Rechtsprobleme sind[10], so daß sozialwissenschaftliche Veranstaltungen nicht am Anfang des Studiums stehen, sondern erst in der letzten Phase der Ausbildung größeres Gewicht erhalten, d. h. in einem Abschnitt, in dem der Student bereits das rechtswissenschaftliche Basiswissen hat und dann ausgewählte Gegenstände und Methoden anderer Wissenschaften sinnvoll in den jeweiligen Ausbildungsabschnitt eingegliedert werden können.. Dabei neigt die Bielefelder Fakultät dazu, diese Nachbarwissenschaften durch Juristen, ggf. auch in der Form des „team-teaching“ in Verbindung mit Nichtjuristen, einführen zu lassen, da erfahrungsgemäß Nichtjuristen vielfach den Erwartungshorizont von Jurastudenten verfehlen. Allerdings ist man sich auch in Bielefeld durchaus der Schwierigkeiten bewußt, wieweit Begleitveranstaltungen, mit denen bisher keine sehr guten Erfahrungen gemacht wurden, und Veranstaltungen in juristischen Kern-

---

8 *Schlosser*, a.a.O., S. 68.

9 *Schlosser*, a.a.O., S. 73.

10 Universität Bielefeld, Das Bielefelder Modell der einstufigen Juristenausbildung, Langfassung Stand: April 1978, S. 16 f.

fächern nicht nur personell, sondern auch organisatorisch verschmolzen werden können und inwieweit Fragen und Probleme aus Nachbarwissenschaften, die als solche nicht Prüfungsgegenstand sind, in die Prüfungen einbezogen werden können, zumal dies voraussetzt, daß derartige Aufgaben schon in den Lehrveranstaltungen hinreichend geübt werden konnten[11]. Aber letztlich bleiben auch hier Rechtswissenschaft und Sozialwissenschaften mehr oder minder unvereint nebeneinander.

Eine überzeugende Lösung der Einbeziehung der Sozialwissenschaften in die Rechtsausbildung ist noch in keinem der praktizierten Modelle gefunden worden. Solange die Sozialwissenschaften und die Rechtswissenschaft nebeneinander stehen, ist dies m. E. auch nicht möglich. In der Zielsetzung stimme ich hierin mit den Kritikern der bisherigen zweistufigen Ausbildung und mit den Reformern überein und halte es für unumgänglich, daß in der Ausbildung die sozialwissenschaftlichen Grundlagen und Bezüge des Rechts vermittelt werden, aber das kann nicht in der Weise geschehen, daß sozialwissenschaftliche Erkenntnisse in Begleit- oder Nebenveranstaltungen oder auch in einem gesonderten Eingangsstudium neben dem rechtswissenschaftlichen Basiswissen vermittelt werden, da der Student überfordert ist, wenn er — was bisher auch der Wissenschaft, von Ansätzen abgesehen, nicht gelungen ist — nun selbst Sozialwissenschaften und Rechtswissenschaft in seiner Person und in seinem Studium integrieren soll.

Was not tut, ist das Bemühen der rechtswissenschaftlichen Forschung um eine Einarbeitung sozialwissenschaftlicher Erkenntnisse in den Rechtsstoff selbst und damit die Vermittlung dieses so neu gestalteten Rechtsstoffes in und mit den rechtswissenschaftlichen Lehrveranstaltungen, wie es z. B. die Schriftenreihe „Sozialwissenschaften im Studium des Rechts" versucht. Andernfalls bleibt es bei der Unverbundenheit und dem Nebeneinander von Sozialwissenschaften und Rechtswissenschaft, wie dies sich in der Universität selbst sinnfällig zeigt. Daß dies eine Aufgabe ist, die nicht in einer Experimentierphase von 10 Jahren oder auch 15 Jahren lösbar ist, sondern das ernsthafte Bemühen einer oder mehrerer Forschergenerationen voraussetzt[12], dürfte angesichts der vorliegenden Erfahrungen nicht zu bestreiten sein. Der gegenwärtige Zustand ist ein Ergebnis der Auseinanderentwicklung der Wissenschaftszweige, die nicht rückgängig gemacht werden kann, die aber nicht ausschließt, daß die eine Wissenschaft Erkenntnisse der anderen Wissenschaft verarbeitet und in ihren eigenen Stoff einarbeitet. Daß ein solches Vorhaben durchaus machbar ist, zeigt die Staatswissenschaft des 19. Jahrhunderts mit Namen wie Friedrich List, Schäffle, Roscher,

---

[11] a.a.O., S. 17.

[12] So auch *Hoffmann-Riem*, a.a.O., S. XIV, 10 f.

Schmoller, Lorenz von Stein und Roesler, die Nationalökonomie, Gesellschaftslehre und Recht als eine Einheit verstanden und darzustellen versuchten[13], eine Disziplin, die sich gegenüber den Rechtsdogmatikern des 19. Jahrhunderts aber nicht behaupten konnte, die „das Rechtliche nur aus dem Rechtlichen zu begreifen“[14] für richtig hielten. Über dem Positivismus ging dieser Ansatz verloren, aber warum sollte er — vom heutigen Rechts- und Wissenschaftsverständnis belebt — nicht wieder aufgenommen werden können?

Wenn es aber nur Aufgabe der Rechtswissenschaft sein kann, Rechtswissenschaft und Sozialwissenschaften in dem darzubietendenen Rechtsstoff zu integrieren, hat dies nichts mit dem Problem der ein- oder zweistufigen Ausbildung zu tun. Gelingt es der Rechtswissenschaft, dieser notwendigen Aufgabe gerecht zu werden, wird diese Vermittlung der gesellschaftswissenschaftlichen Bezüge des Rechts durch die Lehre — in der einstufigen ebenso wie in der zweistufigen Ausbildung — möglich sein. Da dann dieser neu strukturierte Rechtsstoff Prüfungsgegenstand sein kann, wird er auch studiert werden können und müssen, so daß dann über eine freilich von vielen Reformern nicht gewünschte oder perhorreszierte Sekundärmotivation das Verständnis des Rechts auf der Basis der gesellschaftlichen Entwicklung das Rechtsbewußtsein des jungen Juristen prägen wird. Ich halte das nicht für schlimm. Die Primärmotivation wurde von vielen wohl sehr überschätzt; sie ist nur wenigen gegeben, die ihren Weg immer und in jedem Ausbildungssystem machen werden, aber die große Menge der Rechtsstudenten wird immer nur das studieren, was auch geprüft wird, und dem muß ein Ausbildungssystem Rechnung tragen.

Es ist sicher, daß die einstufigen Modelle manche Anstöße gerade auf diesem Gebiet für die herkömmlichen Universitäten gegeben haben und geben, aber das gesteckte Ziel der Einbeziehung der Gesellschaftswissenschaften in die Rechtswissenschaft ist bisher nicht erreicht, und seine Verwirklichung hängt nicht vom Ausbildungssystem ab, sondern von dem Bemühen der Rechtswissenschaft, in der heute wohl allgemein ein derartiges Problembewußtsein geweckt worden ist, das durchaus zu Hoffnungen auf ein Weitervoranschreiten auf diesem Wege berechtigt.

Über die Rechtswissenschaft wird dieses Problembewußtsein auch die Praxis erfassen. So sind bereits Bemühungen im Gange, auch in den Arbeitsgemeinschaften die Gesellschaftswissenschaften zu berücksich-

---

13 *Dubischar*, Einl. zu Hermann Roesler, Vorlesungen über Volkswirtschaft, Neudruck 1978, S. XIV ff., XX f.

14 *Triepel*, Staatsrecht und Politik, 1926, S. 6, zitiert bei Dubischar, a.a.O., S. XVI.

tigen[15], ein Bemühen, das genauso schwierig und auch genauso langwierig sein wird wie das parallele Bemühen der Wissenschaft.

Sicher werden die einstufigen Modelle, auch das sich am meisten von der herkömmlichen Ausbildung unterscheidende Bremer Modell, in der Lage sein, gute Juristen auszubilden. Für einen Studenten, der über eigenen Antrieb und Interesse an der Sache verfügt, bietet z. B. gerade das Lehrangebot des Bremer Modells eine Fülle von Anregungen und Denkanstößen wie wohl kein anderes Modell, setzt aber sehr viel Eigenarbeit und Selbststudium voraus. Andererseits ist kein Modell geeignet — und das braucht es auch nicht —, Ungeeignete zu Juristen zu machen. Aber alle Ausbildungsmodelle müssen sich daran messen lassen, inwieweit sie in der Lage sind, das Mittelmaß gut und brauchbar für die Praxis auszubilden. Dabei wird auch zu berücksichtigen sein, daß die einstufigen Modelle von hohen Erwartungen an Einsatzbereitschaft, Interesse und Eigenarbeit der Studenten ausgehen, die vielleicht nicht allgemein vorausgesetzt werden können.

Über die Verwirklichung der Reformziele durch die vielfältigen Modelle der einstufigen Juristenausbildung wird sich zusammenfassend schon jetzt folgendes sagen lassen:

1. Alle einstufigen Modelle sind auf eine verhältnismäßig kurze Ausbildungszeit von 6 Jahren (einschließlich Prüfungszeit) ausgerichtet. Dieses Ziel der Verkürzung ist erreicht worden, soweit nicht der Student ein Jahr verliert, allerdings vielfach um den Preis der Verschulung und eines dauernden Leistungsdrucks (wie die in vielen Modellen hohen Zahlen des Abbruchs des Studiums zeigen), so daß dem Studenten keine Freiheit bleibt, über das vorgegebene Curriculum hinaus ihn interessierende Vorlesungen in anderen Wissenschaften zu hören. Auch die zweistufige Ausbildung kann um den gleichen Preis auf eine entsprechend kurze Dauer zurückgeführt werden, wenn die Studienzeit wie in der einstufigen Ausbildung beschränkt wird.

2. Die Verklammerung von Theorie und Praxis ist nur teilweise gelungen: In den Integrationsmodellen Bremens und Niedersachsens ist das erste Pflichtpraktikum unzureichend vorbereitet und stellt den Studenten vor sehr hohe Anforderungen, denen er kaum gerecht werden kann. Berücksichtigt man, daß diese Praktika vielfach die einzige Berührung mit einem Teilbereich praktischer juristischer Tätigkeit darstellen, wenn das Schwerpunktpraktikum im zweiten Teil der Ausbildung aus einem anderen Schwerpunktbereich gewählt wird, dann können hier ernsthafte Bedenken dagegen bestehen, ob diese Juristen

---

15 Vgl. *Dästner*, Einbeziehung der Sozialwissenschaften in die Referendarausbildung — ein Tagungsbericht —, in JuS 1978, S. 214.

gleichwertig im Sinne des § 5 b DRiG für die juristische Berufspraxis ausgebildet sind.

In den Intervallmodellen dürfte der Verbund von Theorie und Praxis besser hergestellt sein, weitgehend auch deshalb, weil zwischen Studium und erster Begegnung mit der Praxis eine Zwischenprüfung eingeschaltet ist, die ein Basiswissen gewährleistet. Dann aber ist der Unterschied zur zweistufigen Ausbildung nicht sehr groß.

3. Das Reformziel der Einbeziehung der Gesellschaftswissenschaften ist weitgehend auf der Strecke geblieben. In den Intervallmodellen ist die Verschulungstendenz offensichtlich, und mangels Prüfungsrelevanz werden entsprechende Angebote kaum angenommen. In den stärker auf die Einbeziehung der Gesellschaftswissenschaften angelegten Integrationsmodellen ist es bisher nicht gelungen, sozialwissenschaftliche Erkenntnisse für die juristische Arbeit der Praktikanten nutzbar zu machen, d. h. die Studenten in die Lage zu versetzen, sozialwissenschaftliche Bezüge in der Praxis zu erkennen und mit zu verarbeiten. M. E. kann dieses Ziel weder im einen noch im anderen Modelltypus verwirklicht werden, weil der Rechtsstoff selbst noch nicht unter Einbeziehung gesellschaftswissenschaftlicher Erkenntnisse von der Wissenschaft aufbereitet ist, vielmehr auch an den Universitäten Gesellschaftswissenschaften und Rechtswissenschaft noch weitgehend unverbunden nebeneinander stehen.

Bei dem gegenwärtigen Stand der Dinge kann nicht gesagt werden, ob das eine oder das andere Modell in der Lage ist, im Durchschnitt „bessere" Juristen auszubilden, als dies in der zweistufigen Ausbildung der Fall ist. Wenn auch die ersten Absolventen des Münchener Modells in dem mit der Zweiten Juristischen Staatsprüfung der herkömmlichen Ausbildung teilweise identischen Abschlußexamen einen um 0,32 Punkte besseren Notendurchschnitt erreicht haben, so ist dabei doch zu berücksichtigen, daß die Ausbildung an der Universität und in der Praxis wesentlich intensiver als in der zweistufigen Ausbildung durchgeführt wurde. Letztlich wird hierüber erst die Erfahrung mit der Berufstätigkeit der einstufig ausgebildeten Juristen ein verläßliches Bild ergeben.

Gleichwohl meine ich, daß die Experimentierphase wie vorgesehen zu Ende gehen sollte. Die Reformziele konnten nur zum Teil verwirklicht werden. Ob eine Verlängerung der Experimentierphase zu besseren Ergebnissen führen könnte, obgleich alle mit der einstufigen Ausbildung befaßten Stellen und Personen sich nach besten Kräften eingesetzt haben, erscheint mir mehr als zweifelhaft.

Was aber entscheidend gegen die Verlängerung der Experimentierphase spricht, ist die Tatsache, daß der hohe sachliche und persönliche

Einsatz, der die einstufige Juristenausbildung in allen Modellen kennzeichnet, nicht für die Ausbildung aller Jurastudenten zur Verfügung gestellt werden kann. Alle Modelle arbeiten nur mit beschränkten Studentenzahlen, in der Regel 100 - 200 je Jahrgang. Für ein Experiment mag das richtig sein, jedoch muß auch die Frage gestellt werden, ob das Experiment geeignet ist, zum alleinigen Ausbildungssystem zu werden, d. h. auf die gesamte Zahl der Jurastudenten übertragen werden kann. Und das gerade ist m. E. bei keinem Modell der Fall.

Prof. Schlosser teilt in seinem 4. Zwischenbericht[16] mit, daß in Augsburg von 14 Lehrstühlen 13 besetzt sind und sich damit ein Verhältnis von 1 Lehrstuhl zu 54 Studenten ergibt, während im Bundesdurchschnitt 81 Studenten auf 1 Lehrstuhl entfallen. Das bedeutet, daß die Zahl der Lehrstühle bei Übertragung des Münchener Modells auf die gesamten juristischen Fakultäten um 50 % erhöht werden müßte. Dabei ist aber nicht die in den einstufigen Modellen besonders große Zahl von Praktikern im Universitätsbetrieb berücksichtigt, die als Lehrbeauftragte, Kursusleiter oder Arbeitsgemeinschaftsleiter tätig sind. In Bremen ist das Verhältnis von Lehrstühlen zu Studenten noch günstiger. Auch hier ist daneben eine große Zahl von Tutoren, Leitern von Begleitkursen und Lehrbeauftragten zusätzlich eingesetzt. Im Wintersemester 1975/76 standen für 378 Studenten (einschließlich Rechtspraktikanten) 20 Hochschullehrer zur Verfügung[17], d. h. die Relation betrug 1 Lehrstuhl auf 19 Studenten. Bereits das Universitätsstudium dürfte in der einstufigen Ausbildung sehr viel teurer pro Student sein als in der herkömmlichen Ausbildung. Hier ist eine genaue Kostenanalyse unter Einbeziehung des Kostenaufwands für alle in der einstufigen Ausbildung tätigen Personen im Universitätsbetrieb erforderlich. Abgesehen von dem m. E. erheblich höheren Kostenaufwand des Universitätsstudiums in der einstufigen Ausbildung, der auch nicht durch eine kürzere Studienzeit aufgewogen wird, dürfte es problematisch sein, eine so große Anzahl geeigneter Professoren zu finden, ohne daß eine Qualitätseinbuße hingenommen werden muß.

Ähnliches gilt für die Ausbildung in den Praxisstationen. Soweit mir bekannt ist, werden die Ausbilder von Rechtspraktikanten in den meisten Modellen im Gegensatz zu den Ausbildern von Referendaren in ihrem Hauptamt entlastet, so daß diese Entlastung — übertragen auf alle Jurastudenten — ein nicht unerheblicher Kostenfaktor auch der praktischen Ausbildung ist. Auch diese Kosten müßten ermittelt werden. Entscheidender ist aber der in der einstufigen Ausbildung erfor-

[16] a.a.O., S. 64.

[17] Bericht der Universität Bremen über die durchgeführte Ausbildung in der einstufigen Juristenausbildung in Bremen im WS 1975/76 und im SS 1976, S. 9 f.

derliche hohe persönliche Einsatz der Ausbilder, der zum einen eine besondere, nicht ohne weiteres vorauszusetzende Einsatzbereitschaft und Belastbarkeit sowie pädagogisches Geschick des Ausbilders voraussetzt, zum anderen diese Ausbilder in einem Maße fordert, daß dies auf die Dauer nicht durchzuhalten ist. In Bremen wurden stets besonders befähigte, einsatzfreudige und belastbare Richter für die Ausbildung der Rechtspraktikanten herangezogen. Sie bestätigen übereinstimmend — ähnliches wird auch aus dem Oberlandesgerichtsbezirk Hamm berichtet[18] —, daß diese Ausbildung sehr viel mehr Zeit, Gesprächsbereitschaft und Unterweisung als bei der Ausbildung von Referendaren erfordert. Die Bremer Ausbilder rechnen mit etwa dem 4- bis 5fachen Zeitaufwand. Das führt auch dazu, daß viele Ausbilder nach einiger Zeit um ihre Ablösung bitten, so daß auch andere Richter, die ggf. weniger für diese Aufgabe geeignet sind, eingesetzt werden müssen. Ich halte es nicht für möglich, daß alle Jurastudenten, wenn ein einstufiges Modell zum alleinigen Ausbildungssystem erhoben werwürde, mit dieser Intensität, die aber von diesem Ausbildungssystem her erforderlich ist, ausgebildet werden können, wie dies jetzt bei der begrenzten Zahl der Rechtspraktikanten unter Anspannung aller Kräfte möglich ist.

Dazu kommt, daß, je enger die Praxisausbildung mit der jeweiligen Universität verbunden ist, um so schwieriger die Organisation der praktischen Ausbildung ist, da diese dann nur in der Nähe des Universitätsortes bzw. am Universitätsort durchführbar ist.

Da sowohl vom personellen wie vom finanziellen Aufwand her kein einstufiges Modell sich als Ausbildungsmodell für alle Studenten der Rechtswissenschaft eignet, kann — unbeschadet noch möglicher Verbesserung einzelner Modelle — m. E. schon jetzt festgestellt werden, daß die einstufige Ausbildung nicht zur Regelausbildung werden kann und daher die Experimentierphase nicht verlängert werden sollte.

Meine Ausführungen bitte ich nicht dahin zu verstehen, daß ich wegen der Notwendigkeit, die Zersplitterung der Ausbildung möglichst bald zu beseitigen und wieder zu einem einheitlichen Ausbildungssystem zurückkehren, die Erfahrungen der Experimentierphase als wertlos und unnütz ansehen möchte. Im Gegenteil! Abgesehen davon, daß die 1968 verstärkt einsetzende Reformdiskussion in den Jahren 1970/71 auf einem Stand angekommen war, daß im politischen Raum die Zulassung einstufiger Ausbildungsmodelle unabweisbar war, hat sich nunmehr gezeigt, daß Modelle zwar verhältnismäßig einfach nach bestimmten Leitlinien konzipiert werden können, daß aber ihre Verwirklichung außerordentlich schwierig ist sowie einen sehr hohen

---

[18] a.a.O., S. 13, 15.

finanziellen und personellen Einsatz erfordert. In der Reformeuphorie wurde der Leistungswille der Studenten — jedenfalls gilt dies für den Durchschnitt der Studenten — wohl überschätzt, wie auch der Zusammenhang von Verbesserungen des Ausbildungsstandes und Prüfung nicht gesehen wurde. Positiv sind sicher die in den Einstufenmodellen gemachten didaktischen Erfahrungen z. B. mit Kleingruppenarbeit, Heranziehung von Praktikern bereits im Universitätsbetrieb, Blockunterricht. Die Modelle haben auch gezeigt, daß eine Verbesserung der Verbindung von theoretischer und praktischer Ausbildung erreichbar ist, jedoch um den Preis stärkerer Verschulung und hohen finanziellen und personellen Einsatzes. Aber auch negative Erfahrungen sind von Bedeutung, z. B. die jedenfalls gegenwärtig und für absehbare Zukunft festzustellende Schwierigkeit, wenn nicht Unmöglichkeit, die Gesellschaftswissenschaften in die juristische Ausbildung einzubeziehen.

Was die Kürze der Ausbildung anlangt, so könnte auch für Jurastudenten eine Regelstudienzeit — etwa 2 Semester über die Pflichtstudienzeit von 7 Semestern hinaus — eingeführt werden.

Die stärkere Verklammerung von theoretischer und praktischer Ausbildung mit einer verbesserten praktischen Befähigung am Ende der Ausbildung könnte auch in der zweistufigen Ausbildung erreicht werden. Zwar hat sich gezeigt, daß eine praktische Ausbildung nur und erst dann sinnvoll erscheint, wenn der Student über ein bestimmtes Grundwissen verfügt, das in einer Zwischenprüfung nachgewiesen wird. Gleichwohl kann bereits im Studium eine Einführung in die praktische juristische Tätigkeit durch verstärkte Heranziehung von Praktikern in der Universitätsausbildung als Leiter von Arbeitsgemeinschaften oder Einführungskursen erfolgen, die durch informatorische Ferienpraktika unterstützt werden kann. Auch könnte im Lehrbetrieb von der Bearbeitung unstreitiger Fälle zur Lösung streitiger Sachverhalte übergegangen werden. Bei der Interdependenz der großen Rechtsgebiete Zivil-, Straf- und Öffentliches Recht wird der Einsatz in der Praxis aber erst dann am effektivsten sein, wenn das für den Juristen erforderliche Basiswissen auf allen diesen Gebieten vorhanden ist, d. h. nach Abschluß der Universitätsausbildung, in der auch bereits die Grundzüge des Prozeßrechts und der Arbeitsmethode des praktischen Juristen — ggf. unter Heranziehung von Praktikern — vermittelt werden können.

Die Einbeziehung der Sozialwissenschaften in die theoretische Ausbildung ist auch im zweistufigen Ausbildungssystem möglich, da sie m. E. allein davon abhängt, inwieweit es der rechtswissenschaftlichen Forschung gelingt, den Rechtsstoff unter Berücksichtigung sozialwissenschaftlicher Erkenntnisse aufzuarbeiten. Das Bewußtsein hierfür ist durch die einstufigen Modelle sicher geschärft worden, und Ansätze sind bereits erkennbar. Sie weiter zu verfolgen und auszubauen, ist die schwierige und sehr mühsame, aber notwendige Aufgabe der Rechtswissenschaft. Im einen wie im anderen Ausbildungssystem ist aber diese Situation vorgegeben, die durch organisatorische Maßnahmen nicht behoben werden kann. Über das Fortschreiten der Rechtswissenschaft auf diesem Wege wie auch über Anstöße, die auf diesem Gebiet von der Rechtspraxis ausgehen, wird das Bewußtsein von der Notwendigkeit, das Recht und auch den einzelnen Fall in seiner gesellschaftlichen Bedingtheit zu erfassen, auch in die Praxis und damit auch in die praktische Ausbildung eindringen, wiederum ein sehr schwieriger und mühsamer Weg. Bereits jetzt sind Bemühungen unternommen worden, die Gesellschaftswissenschaften in die Ausbildung in den Arbeitsgemeinschaften einzubeziehen. Auch hier ist wie bei den Universitätslehrern lediglich die entsprechende Entwicklung des Problembewußtseins bei den Praktikern entscheidend.

Wenn aber einerseits kein Modell geeignet ist, auf die Ausbildung aller Jurastudenten übertragen zu werden, andererseits die von den einstufigen Modellen ausgegangenen Reformanstöße auch in der zweistufigen Ausbildung verwirklicht werden können, dann sollten die Experimente nicht über die jetzt gesetzlich vorgesehene Zeit hinaus verlängert werden, vielmehr sollte wieder die zweistufige Ausbildung als alleiniges Ausbildungssystem eingeführt werden. Es kann nicht übersehen werden, daß es sich bei den Experimenten eben um Experimente mit Menschen handelt, wie der frühere Präsident des Bundesgerichtshofs Dr. Fischer bei seiner Anhörung vor dem Rechtsausschuß des Deutschen Bundestages am 25. 3. 1971 ausgeführt hat[19], und daß manche Auszubildende auch schon Schaden gelitten haben. Andererseits setzt die praktische Ausbildung ein bestimmtes Basiswissen voraus, so daß die Zweiteilung der Ausbildung vom System her begründet ist. Allerdings sollte die theoretische Ausbildung praxisbezogener werden — das ist im Rahmen der Universitätsausbildung durchaus möglich — und die praktische Ausbildung wissenschaftsbezogener — das ist Sache der Praxis und ebenfalls machbar —. Wenn auch die praktische Ausbildung nicht mit dem für die einstufige Ausbildung zur Verfügung stehenden, abnorm hohen persönlichen Einsatz erfolgen kann und auch nicht zu erfolgen braucht, so muß es sich bei dem Vorbereitungsdienst — und insoweit kann von den Erfahrungen der einstufigen Ausbildung durchaus Gebrauch gemacht werden — um eine echte praktische Ausbildung handeln, die nicht nur in Arbeitsgemeinschaften, sondern und gerade in der einzelnen Ausbildungsstation am Arbeitsplatz intensiv gestaltet werden muß.

---

[19] Zur Sache 5/71 S. 165.

Ein Punkt scheint mir auch für die zweistufige Ausbildung von Bedeutung zu sein, nämlich die in vielen Einstufenmodellen vorgesehene Schwerpunktbildung. Da am Einheitsjuristen festgehalten werden sollte, sollte diese nicht in der Form von Spezialausbildungen, sondern in der Form eines Schwerpunktstudiums von etwa 2 Semestern nach Universitätsausbildung und Vorbereitungsdienst erfolgen. Dann erst hat der junge Jurist das erforderliche Wissen und die nötige praktische Befähigung erlangt, um den für ihn richtigen Schwerpunkt seiner Ausbildung zu erkennen und sachgerecht zu wählen. Dieses Studium sollte allerdings erst nach der im Anschluß an den Vorbereitungsdienst stattfindenden „Rundum-Prüfung" erfolgen, damit in diesem Schwerpunktstudium nicht die Vorbereitung auf das Examen im Vordergrund steht und eine wirkliche Schwerpunktausbildung weitgehend verhindert. Nur wenn das Schwerpunktstudium vom Examensdruck entlastet ist, verdient es diesen Namen und erfüllt seinen Zweck. Dieses Schwerpunktstudium kann mit einer wissenschaftlichen Arbeit, die durchaus praxisbezogen sein kann, abgeschlossen werden, deren Benotung zusammen mit dem Prüfungsergebnis der im Anschluß an den Vorbereitungsdienst abzulegenden allgemeinen Prüfung in eine Gesamtnote einfließen kann. Allerdings kann ein solches Schwerpunktstudium nur dann vorgesehen werden, wenn die Universitätsausbildung an feste Studienzeiten gebunden ist. Dann wird ein solches Schwerpunktstudium ein Gegengewicht gegen die mit der Regelstudienzeit zunächst verbundene Verschulung des Studiums darstellen. Ob ein solches Modell dann als modifiziertes zweistufiges oder modifiziertes einstufiges Ausbildungssystem angesehen wird, ist eine nebensächliche Frage der Nomenklatur.

Es ist hier nicht der Raum, weitere Gedanken darüber zu entwickeln, welche Änderungen im zweistufigen System noch anzubringen sind (z. B. Verlängerung der Ausbildung bei den Gerichten um 6 Monate, Abschaffung der in einzelnen Ländern geschaffenen Möglichkeit der Anrechnung einer Ausbildungsnote auf die Examensnote, Ausbildung am Arbeitsplatz). Aber es sollte auch im Interesse des juristischen Nachwuchses möglichst bald zu einer einheitlichen Ausbildung zurückgekehrt werden, die nur die ggf. modifizierte zweistufige Ausbildung sein kann. Mögen Ausbildung und Prüfungssystem auch in der zweistufigen Ausbildung in einzelnen Ländern kleinere Unterschiede aufweisen, die Prüfungsämter für das Zweite Juristische Staatsexamen, die untereinander in steter Fühlungnahme stehen, gewährleisten schon durch die beschränkte Zahl der Prüfer eine weitgehende Standardisierung der Prüfungsanforderungen, d. h. eine Prüfung, deren Ergebnis und Note einen gewissen Leistungsstand und damit auch in größtmöglichem Maße eine Vergleichbarkeit der Prüfungsergebnisse, d. h.

eine größtmögliche Chancengleichheit der Absolventen dieser Ausbildung, ermöglicht. Eine Zersplitterung des Ausbildungswesens, wie sie gegenwärtig herrscht, wird auf die Dauer unabweisbar zu Eingangsprüfungen führen, wie sie in den Ländern stattfinden, die in ihrem Ausbildungssystem nicht theoretische und praktische Ausbildung miteinander verbinden.

Zusammenfassend ergibt sich: Die einstufigen Modelle haben wesentliche Anstöße für die Gestaltung der Ausbildung gegeben, jedoch ist kein Modell geeignet, Grundlage der Ausbildung des gesamten juristischen Nachwuchses zu werden. Die Experimentierphase sollte daher nicht verlängert, vielmehr sollte zu der zweistufigen Ausbildung, in der die Erfahrungen der Einstufenmodelle genutzt werden sollten, auch im Interesse des juristischen Nachwuchses zurückgekehrt werden. So können die einstufigen Modelle und die durchgeführten Experimente letztlich zu einer wesentlichen Verbesserung der zweistufigen Ausbildung führen. Es ist zwar ein hoher Preis von allen mit den einstufigen Modellen befaßten Stellen und Personen gezahlt worden, von den Professoren wie von den zuständigen Behörden, von den Praktikern wie von den Auszubildenden, aber dieser Einsatz ist nicht vertan, wenn die hieraus gewonnenen Erkenntnisse für die zweistufige Ausbildung genutzt und weiter verfolgt werden.

Restauration oder Reform der Juristenausbildung?*

Von Alfred Rinken

Das engagierte Plädoyer Richters für eine Rückkehr zur einheitlichen zweistufigen Juristenausbildung provoziert zu engagierter Gegenrede. Die Frage „Soll die Experimentierklausel des § 5 b DRiG verlängert werden?“ ist in hohem Maße kontrovers. Eine Tagung, die im Herbst 1978 den Diskussionsstand zum Thema „Probleme der Juristenausbildung“ resümiert, muß diese Kontroverse dokumentieren. Ich begrüße es deshalb, daß die Tagungsleitung sich entschlossen hat, die folgenden kritischen Anmerkungen in den Tagungsbericht aufzunehmen. Es handelt sich um die überarbeitete Fassung eines spontanen Beitrags, der in der Aussprache über das Referat Richters unversehens die Stelle eines gar nicht vorgesehenen, angesichts des polarisierten Diskussionsstandes aber notwendigen Korreferats erhalten hatte. Ich habe dem Abdruck dieser ad-hoc-Bemerkungen zugestimmt, weil sie zumindest den Eindruck der widerspruchslosen Einmütigkeit stören, der durch die Referenten dieser Tagung erweckt werden könnte. Es mag ein Zufall sein, daß zu dem für die Juristenausbildung z. Z. wichtigsten und brisantesten Thema mit Frau Laurien und Herrn Richter zwei vorbehaltlose Befürworter der Zweistufigkeit zu Wort gekommen sind; in der politischen Debatte entfalten solche Zufälle nur allzu leicht unangemessene Wirkungen, mausern sich addierte Privatmeinungen flugs zur „herrschenden Lehre“. Deshalb soll mit den folgenden Anmerkungen ausdrücklicher Widerspruch gegen die Forderung zu Protokoll gegeben werden, man solle die Experimentierphase 1981 beenden, die einstufigen Ausbildungsgänge auslaufen lassen und zur einheitlichen Zweistufenausbildung zurückkehren.

Ich hatte schon einmal die Ehre, in der öffentlichen Auseinandersetzung über die Reform der Juristenausbildung mit Herrn Richter zu streiten: auf dem 48. Deutschen Juristentag 1970 in Mainz. Damals sprach sich Herr Richter als Gutachter gegen, ich sprach mich als Re-

---

* Es handelt sich um einen in dieser Form nicht gehaltenen, sondern aus der Diskussion vom Autor nachträglich zusammengefaßten Beitrag, der wunschgemäß in den Tagungsband aufgenommen wurde, um ein vollständiges Bild auch der kontroversen Standpunkte zu geben.

ferent für die Einführung der Experimentierphase aus; heute fordern wir entsprechend ihre Abschaffung bzw. Verlängerung. Damals beunruhigte mich die Sorge, ob nicht meine Überlegungen zur Dringlichkeit der Reform allzu theoretisch begründet seien, ob nicht die Einwände eines erfahrenen Praktikers stärker berücksichtigt werden müßten; heute bin ich mir der Notwendigkeit, die Experimentierzeit zu verlängern, ganz sicher, da ich die Erfahrungen einer siebenjährigen Planungs- und Lehrtätigkeit in der einstufigen Juristenausbildung in Bremen auswerten kann, eines Ausbildungsganges, den Herr Richter nicht mehr — wie die zweistufige Ausbildung — aus unmittelbarer eigener Anschauung kennt, da die Organisation und Leitung der Praxisphasen der Einstufenausbildung in Bremen nicht dem Oberlandesgerichtspräsidenten, sondern einem eigenen Ausbildungs- und Prüfungsamt obliegen. Es mag diese unterschiedliche Nähe zur Praxis des Experiments die Unterschiedlichkeit der Meinungen über dessen Verlängerung mitbegründen.

1. Der Hauptpunkt meiner Kritik an den Ausführungen Richters ist folgender: Die Überlegungen des Referenten sind nicht geeignet, den in Wissenschaft und Politik z. Z. geführten Disput über den Sinn oder Unsinn einer Verlängerung der Experimentierphase zu fördern, da sie von einer verengten Fragestellung ausgehen und die verfügbaren Erfahrungen nur punktuell und selektiv aufnehmen. Ich kann meine Kritik in diesem Diskussionsbeitrag nur thesenhaft erläutern.

Erstens: Richter geht davon aus, „daß eine Verlängerung der Experimentierfrist nur dann ins Auge gefaßt werden sollte, wenn begründete Anhaltspunkte dafür bestehen, daß das eine oder das andere einstufige Ausbildungsmodell geeignet ist, das alleinige Ausbildungssystem für den juristischen Nachwuchs zu werden". Er verengt damit die Fragestellung schon im Ansatz. Bei der gesamten Diskussion über die Einrichtung, Durchführung und Auswertung der unterschiedlichen Modelle bestand nie die Vorstellung, *ein* Einstufenmodell könne 1981 durch Totalübernahme zur neuen Einheitsausbildung der Juristen gekürt werden. Vielmehr geht es gerade darum, die Vielzahl und Verschiedenheit der Erfahrungen zu verarbeiten und zu einem Ausbildungsgang zu optimieren, der die positiven Elemente unterschiedlicher Modelle zu einem geschlossenen Konzept zusammenfaßt. So kann aus dem einen Modell die Eingangsphase, aus einem anderen die Schwerpunktphase wegweisend sein, hier haben sich neuartige Methoden der Leistungsbewertung, dort didaktische Innovationen bewährt. Nur wenn jedes Modell die Chance hat, seine nachweisbar bewährten Elemente in eine Gesamtevaluation einzubringen, ist der Aufwand des durch § 5 b DRiG eröffneten bundesweiten Experiments überhaupt gerechtfertigt. Wenn jeder einzelne Reformversuch auf seine Eignung zur

Totalübernahme befragt wird, ist mit solcher Fragestellung die Antwort weitgehend schon vorprogrammiert: keiner wird in jeder Beziehung den hohen Reformansprüchen genügen; im Ergebnis wird alles beim alten bleiben.

Zweitens: Richter blendet die Mängel der überkommenen zweistufigen Juristenausbildung völlig aus seinen Überlegungen aus. Zwar zählt er die Reformziele auf, die den Bundesgesetzgeber seinerzeit zur Einrichtung der Experimentierphase veranlaßt haben, dann aber teilt er nur noch mit, wo Einstufenmodelle seiner Meinung nach hinter diesen Reformzielen zurückgeblieben sind; ein Vergleich der Zweistufenausbildung mit den Reformansprüchen findet nicht statt. Die Behauptung, die auch von Richter zugegebenen positiven Teilerfahrungen mit der Einstufenausbildung ließen sich ohne weiteres auch in der Zweistufenausbildung verwirklichen, bleibt ohne genauere Begründung.

Drittens: Die Schlußfolgerungen Richters beruhen auf einer punktuellen und selektiven Verarbeitung der in den verschiedenen Experimenten bis heute schon gemachten Erfahrungen. Es genügt im Jahre 1978 nicht mehr, zum Problem des § 5 b DRiG aufgrund „ganz persönlicher Eindrücke" Stellung zu nehmen. Es ist gerade der Sinn der Experimentierzeit, das bis 1970 währende Stadium plausibler persönlicher Meinungen zu überwinden und dem für die Vereinheitlichung der Juristenausbildung verantwortlichen Bundesgesetzgeber wissenschaftlich vertretbare und empirisch erprobte Konzepte zu liefern. Das erfordert eine bundesweite Gesamtevaluation, in die von den einzelnen Experimenten der Bundesländer positive und negative Erfahrungen ohne politisch motivierten Bestandsegoismus eingebracht werden. Daß in diese Gesamtauswertung alle Teilelemente der Einstufenmodelle einbezogen werden müssen, versteht sich von selbst. Dabei wird gerade das von Richter weitgehend ausgeklammerte Problem der Schwerpunktbildung in der Gesamtbewertung eine wichtige, wenn nicht die entscheidende Rolle spielen, da — darüber ist man sich ziemlich einig — eine wirkliche Vertiefung nur durch Schwerpunktsetzungen erreicht werden kann.

2. Wertvoll und in die Gesamtevaluation aufzunehmen sind die Ausführungen Richters als kritische Hinweise auf etwaige Defizite der Reformversuche. Die Einstufenmodelle sollten diese Hinweise vor allem dann ernst nehmen, wenn sie von einem Kritiker vorgetragen werden, der — wie der Referent — die Reformziele prinzipiell akzeptiert. Mit den folgenden Anmerkungen bezwecke ich deshalb auch keineswegs eine Selbstimmunisierung der Einstufenausbildung gegen kritische Fragestellungen; wohl aber halte ich es zur Vermeidung von Mißverständnissen für erforderlich, die Mitteilungen Richters über den bis-

herigen Verlauf der einstufigen Ausbildungsgänge durch einige Zusatzinformationen zu ergänzen. Ich beziehe mich dabei auf die einstufige Juristenausbildung in Bremen als meinen engeren Erfahrungsbereich und beschränke mich auf wenige Punkte.

Die schwierige Frage, inwieweit das anspruchsvollste Reformziel der Integration der Sozialwissenschaften im Bremer Modell eingelöst wird, kann nicht wie bei Richter unter ausschließlich zivilistischer Perspektive und unter Ausklammerung des zweijährigen Schwerpunktstudiums beantwortet werden. Dabei soll das Problem des studentischen „Dogmenhungers" keineswegs bagatellisiert und vor allem der Anspruch nicht erhoben werden, in Bremen sei das Nebeneinander von Sozial- und Rechtswissenschaften bereits zu einer harmonischen Synthese überwunden. Da — wie gerade der Referent mit Recht nachdrücklich betont — der Prozeß der Integration von Rechts- und Sozialwissenschaften ein langwieriger und mühsamer Forschungsprozeß sein wird, kann es auch gar nicht um globale Erfolgsmeldungen gehen, sondern nur darum, Ansatzpunkte und erste Schritte sorgfältig zu registrieren und bescheidene Fortschritte dauerhaft zu sichern. Dabei liegt es angesichts des hohen Dogmatisierungsgrades des Zivilrechts nahe, solche Fortschritte nicht gerade auf diesem Rechtsgebiet zu suchen, sondern viel eher (außer auf dem Gebiet des Strafrechts) auf den Gebieten des Arbeitsrechts, des Wirtschaftsrechts und nicht zuletzt des Verwaltungsrechts. Die Berücksichtigung von Konzept und Durchführung der Begleitkurse zur Praxisausbildung und die Einbeziehung entsprechender Praktikerurteile über die in diesen Bereichen von den Studenten erbrachten Leistungen hätten dem Referenten ein differenzierteres und im Ganzen positiveres Urteil ermöglicht. Vor allem aber kann man das Problem der Integration der Sozialwissenschaften im Bremer Modell schlechterdings nicht ohne Einbeziehung des Schwerpunktstudiums abhandeln. Nach dem die rechts- und sozialwissenschaftlichen Fragestellungen nur sehr allgemein thematisierenden einjährigen Eingangsstudium und nach dem durch Zeitnot erzwungenermaßen stark rechtsdogmatisch orientierten dreijährigen Hauptstudium I bietet das zweijährige Schwerpunktstudium die wirkliche Chance einer rechts- *und* sozialwissenschaftlichen Vertiefung. Die konsequente Schwerpunktausrichtung dieser Studienphase, die problemorientierte Bearbeitung des Stoffes im Projektstudium, die Didaktik „forschenden Lernens" in kleinen Gruppen, schließlich ein auf wissenschaftliches Arbeiten bezogenes Prüfungssystem — dies alles sind institutionelle Bedingungen, die eine Integration der Sozialwissenschaften begünstigen und die schon in den ersten Durchgängen ermutigende Ergebnisse gezeigt haben. Das müßte und könnte, stünde mir mehr Zeit zur Verfügung,, anhand einzelner Projektberichte erläutert werden.

Die Ausführungen Richters könnten den Eindruck erwecken, dem Bremer Modell liege ein spezifischer Gleichwertigkeitsbegriff zugrunde, „in dem das Erfordernis der Gleichwertigkeit der Ausbildung nicht als substantielle Gleichwertigkeit verstanden“ wird. Da das Gleichwertigkeitsargument in dem von der CDU/CSU-Bundestagsfraktion gegen das Bremische Juristenausbildungsgesetz angestrengten Normenkontrollverfahren vor dem Bundesverfassungsgericht eine wichtige Rolle spielen wird, muß diesem Eindruck nachdrücklich widersprochen werden. Wie schon die Aufnahme des Kriteriums „Befähigung zur Mitarbeit in den typischen juristischen Berufen“ unter die von Richter mitgeteilten „Mindeststandards“ belegt, basiert das Bremische Juristenausbildungsgesetz auf einem inhaltlichen Gleichwertigkeitsbegriff, der von einer materialen Interpretation der „Befähigung zum Richteramt“ ausgeht. Eine solche materiale Interpretation der „Befähigung zum Richteramt“ ist auch Gemeingut der Bundesländer auf der Ebene der zuständigen Justizministerkonferenz. Als Ziel der zweistufigen Ausbildung, dessen Erreichung in der Zweiten Juristischen Staatsprüfung festgestellt werden soll, wird im „Bericht des Unterausschusses zum Vorbereitungsdienst in der Pflichtwahlstation und zur Zweiten Juristischen Staatsprüfung vom 12. 5. 1971“ genannt: „Der Volljurist, der zu selbständiger, eigenverantwortlicher Tätigkeit in allen Bereichen der Rechts- und Verwaltungspraxis befähigt ist, unbeschadet der Notwendigkeit einer gewissen Einarbeitung.“ Bestätigt wird dieser bundesweite Konsens über das Ausbildungsziel in der von der Justizministerkonferenz veranlaßten „Vergleichenden Beobachtung und Auswertung der ein- und zweistufigen Ausbildungssysteme“. Auf die das Gleichwertigkeitsproblem formulierende Frage, ob durch die verschiedenen Leistungskontrollsysteme der zwei- bzw. einstufigen Ausbildungsgänge die gleiche Endqualifikation nachgewiesen werde, wird hier in aller Deutlichkeit definiert: „Der Begriff ‚gleiche Endqualifikation‘ muß auf den Begriff ‚Befähigung zum Richteramt‘ (§ 5 DRiG) bezogen werden. Die Befähigung umfaßt die Rechtskenntnisse und die berufspraktischen Fähigkeiten einschließlich der Einarbeitungsfähigkeit in unbekannte Rechtsmaterien für die selbständige Tätigkeit in den juristischen Berufen der Rechtsprechung, der Verwaltung und der Rechtsberatung“ (Unterausschuß der Justizministerkonferenz für die einstufige Ausbildung. Vorschläge zu Programm, Organisation und Kosten. Stand Mai 1976). Genau dies ist auch der Gleichwertigkeitsbegriff des Bremer Juristenausbildungsgesetzes.

Das Schicksal von Reformprojekten wird — das zeigen die Erfahrungen der letzten Jahren — entscheidend von Kostengesichtspunkten bestimmt. Wenn die Einstufenmodelle wirklich ganz unverhältnismäßig teurer sein sollten als die zweistufige Ausbildung, dann dürfte Besorgnis um ihre Überlebenschancen am Platze sein. Allerdings müßte, bevor der Einstufenausbildung Rechnung gelegt wird, zuerst einmal geklärt werden, was auf seiten der Zweistufenausbildung der Vergleichsmaßstab ist. Soll es die überkommene Ausbildung in ihrem unreformierten und ja auch von Richter kritisch bewerteten status quo sein? Oder soll es eine Zweistufenausbildung sein, die Anregungen der Einstufenmodelle auf den Gebieten der Theorie-Praxis-Integration, der Didaktik und der Schwerpunktbildung bereits verwertet? Wie aber sollte eine solche modifizierte Zweistufenausbildung ohne erheblich höhere Ausgaben zu verwirklichen sein? Wenn man nach Klärung dieser Vorfragen an einen Kostenvergleich gehen könnte, wäre bei einer konkreten Berechnung der Kosten des Bremer Modells zu berücksichtigen: die erhebliche Verkürzung der durchschnittlichen Gesamtausbildungszeit, der Fortfall der für den einzelnen Studenten mit großen Kosten verbundenen Repetitorien durch die didaktische Intensivierung des Universitätsunterrichts und der Praktika, schließlich bei der Berechnung der Hochschullehrer-Studenten-Relation die Tatsache, daß es in Bremen bisher keinen Mittelbau, also keine Akademischen Räte, Wissenschaftlichen Assistenten und Hilfskräfte gibt, vom Heer der Korrekturassistenten ganz zu schweigen. Ich wage die Vermutung, daß die Bremer Ausbildung bei einem in diesem Sinne realistischen Vergleich kostenmäßig gut abschneiden würde.

3. Juristen erfüllen in unserer rechtsstaatlichen Verfassungsordnung eine zentrale Funktion. Juristenausbildung ist deshalb eine Aufgabe von erheblichem politischem Gewicht. Die Reform der Juristenausbildung hat für die Frage exemplarische Bedeutung, ob und in welchem Maße unser freiheitliches Gemeinwesen zu einer systemimmanenten Fortentwicklung im Rahmen einer offenen Verfassung fähig ist. Eine Beendigung der Experimentierphase würde praktisch die Rückkehr zum unveränderten status quo bedeuten, das hieße Restauration und wäre ein Beweis für eine verhängnisvolle Systemimmobilität. Ich halte deshalb trotz der durch die Modellvielfalt bewirkten lästigen Nebenfolgen nicht die Beendigung des Experiments, sondern seine Verlängerung für das Gebot der Stunde.

Probleme der Leistungsbewertung bei mündlichen Prüfungen aus pädagogischer und psychologischer Sicht

Von Jürgen Voelkner

Im Regelkreis des Lernprozesses ist die Prüfung nicht mehr, aber auch nicht weniger als eine ganz bestimmte curriculare Phase, die mit anderen Curriculumphasen, insbesondere mit den hier als „Führungsgrößen" anzusprechenden Lernzielen, verbunden ist. Der Prüfling erhält nach Abschluß seiner Lernprozesse vom Prüfer als „Regler" durch das Instrument der Lernerfolgskontrolle (als „Meßfühler) eine Rückmeldung, aus der er erkennen kann, ob und in welchem Maße sein Sollverhalten von dem geforderten Istverhalten abweicht bzw. sich mit ihm deckt. Findet eine solche Prüfung am Ende eines längeren Bildungsgangs und dazu vor dem Übergang vom Bildungssystem in das Beschäftigungssystem statt, gewinnt für den Prüfling die Frage, ob und wie gut er besteht, im wahrsten Sinne des Wortes „existentielle" Bedeutung. Mehr noch als im schriftlichen Prüfungsteil ist in der mündlichen Prüfung nicht nur der kognitive Lernerfolg Prüfungsgegenstand, sondern auch die Fähigkeit des Kandidaten, ein Verhaltensrepertoire für die Meisterung von Extremsituationen einer antizipierten Realität darzustellen. Auch an die Bewertung der Leistungen in der mündlichen Prüfung sind hohe Anforderungen hinsichtlich Validität, Reliabilität und Objektivität zu stellen. Bei der Leistungsbewertung in mündlichen Prüfungen steht häufig auch der Prüfer in einer Streß-Situation. Als besonders gravierende Probleme, denen sich der Prüfer bei der Vornahme der Bewertung mündlicher Prüfungsleistungen gegenübersieht, können aus pädagogisch-psychologischer Sicht genannt werden: erstens bestimmte Komponenten des für mündliche Prüfungen spezifischen und typischen Bedingungsrahmens, zweitens die Bewertungs-Differenzierung.

I.

Bei der Abhaltung einer mündlichen Prüfung findet der Prüfer einen ganz bestimmten, sich aus verschiedenen Komponenten zusammensetzenden Bedingungsrahmen vor, der für das mündliche Prüfen spezifisch ist und es zugleich gegenüber dem „schriftlichen Prüfen" determiniert. Im Hinblick auf die richtige und gerechte Bewertung der Leistungen des Prüflings stellt der sogenannte „Personalitäts-Charakter" die bedeutendste, alle weiteren Komponenten gleichermaßen stark beeinflussende Eigenart der mündlichen Prüfung dar. Bei der schriftlichen Prüfung wird der Prozeß der Informationsübertragung vom Prüfling auf den Prüfenden durch das geschriebene Wort vollzogen. Die Informationsabgabe durch den Prüfling findet in Abwesenheit des Prüfers statt, die Informationsaufnahme und die Informationsbewertung durch den Prüfer vollzieht sich in Abwesenheit des Prüflings. Die Zeitpunkte der Informationsabgabe, der Informationsaufnahme und der Rückmeldung an den Prüfling über die Leistungsbewertung durch den Prüfer liegen weit auseinander. Dies kennzeichnet den Sach-Charakter der schriftlichen Prüfung. Bei der mündlichen Prüfung dagegen steht der kommunikative Prozeß zwischen Prüfling und Prüfendem unter dem Zeichen der persönlichen Begegnung. Im Mittelpunkt der Informationsübertragung steht das gesprochene Wort. Kennzeichnend für das Prüfungsgespräch sind die zeitliche Befristung, die vorgegebene Rollenverteilung mit dem Prüfer als dem „Dominanten", und die daraus resultierende Asymmetrie des Gesprächsverlaufes.

Der für mündliche Prüfungen typische Personalitäts-Charakter macht somit deutlich, daß Prüfer und Prüfling hier denselben psychologischen Einflüssen und wechselseitigen Beeinflussungen unterliegen, wie zwei irgendwelche andere im sprachlichen Dialog befindliche Personen auch. Zum Beispiel sendet der Prüfling mit dem gesprochenen Wort außer kognitiven Inhalten auch noch weitere „Signale", die für den Prüfer etwa in der Sprachmelodie, im Sprachmuster und im Sprechfluß zu erkennen sind. Von nicht zu unterschätzender Bedeutung sind auch die „Sendeleistungen" des Prüflings auf dem Gebiet der sprachfreien, also „non-verbalen" Kommunikation, wie z. B. Körperhaltung, Kleidung, Gestik, Mimik. Die Verarbeitung und damit auch die positive oder negative Bewertung solcher Eindrücke erfolgt beim Prüfenden — und auf ihn kommt es ja hier an — vornehmlich im Bereich des Halb- und Unbewußten. Bei der — ebenfalls unbewußten — Wahl der Kriterien zumindest für die jeweils allgemeine Bewertungstendenz spielen die eigene persönliche und berufliche Biographie, das eigene Selbstbild und nicht zuletzt die während der Prüfung situativ psychische Befindlichkeit des Prüfenden eine große, wenn nicht die entscheidende Rolle.

Die mündliche Prüfung gewinnt somit durch ihren Personalitäts-Charakter ein Maß an Subjektivität, das die Zuerkennung des Test-Gütesiegels „Objektivität" zunächst einmal auszuschließen scheint. Im Gegenteil: das Gütesiegel der mündlichen Prüfung ist ihre Subjektivität, ihre „Persönlichkeit" als Ergänzung und sogar als Korrektiv zur sachbezogenen Objektivität der schriftlichen Prüfung. Je höher der Stellenwert und die Bedeutung einer Prüfung für die berufliche Zukunft, vielleicht für das persönliche Schicksal des Kandidaten, desto mehr erscheint es unverzichtbar, daß die Bewertung seines *Wissens* durch eine — insoweit subjektive — Würdigung seiner Gesamtpersönlichkeit im Hinblick auf sein voraussichtlich künftiges *Können* Ergänzung findet. Die „Wiederherstellung" der Objektivität der auf den Prüfer als Subjekt bezogenen mündlichen Prüfung ist Aufgabe des Prüfers selbst. Kennzeichen der schriftlichen Prüfung ist die fremdbestimmte, das der mündlichen Prüfung die eigenbestimmte Objektivität. Der Prüfende selbst muß bei seiner Prüfungsführung Konsequenzen ziehen, wenn aus Prüflings- oder Kollegenkreisen allzu negative oder allzu positive „psychologische" Erfahrungen hinsichtlich seines Prüfungsverhaltens zu ihm hochgesprochen werden. Eine mündliche Prüfung erfüllt somit auch dann die Bedingung, daß sie in Durchführung und Auswertung von subjektiven Einflüssen des Prüfenden frei sein soll, wenn der Prüfende seine ihm aufgrund seines Informationsstandes bewußten prüfungsschädlichen Subjektivismen bei der Leistungsbewertung eliminiert. Der Prüfende wahrt die Objektivität der mündlichen Prüfung in eigener Kompetenz und Verantwortlichkeit.

II.

Als schlechthin unabwendbare Folge des eben geschilderten Personalitäts-Charakters der mündlichen Prüfung wäre als weitere für sie gegenüber der schriftlichen Prüfung spezifische Bedingungs-Komponente die Häufung prüfungspsychologischer Fehlerquellen bei der Urteilsfindung zu nennen. Schon eine einzige der nachfolgend — beispielhaft — beschriebenen möglichen Fehlerquellen kann ausreichen, die Bewertung eines Prüflings mit einem Akzent des Irregulären zu versehen. So z. B. ein möglicher Hang des Prüfers zur Selbstdarstellung vor dem Prüfungskollegium, vielleicht sogar vor dem Kandidaten. Sind für den Prüfer die Prüfungsfragen nur Vehikel und Bindeglieder für eine Abfolge von brillanten Mini-Referaten — unter dem unausgesprochenen Vorwand einer Hilfestellung für den Prüfling — wird sich am Ende der Prüfung herausstellen, daß der Prüfer vier- bis fünfmal so lange wie der Kandidat gesprochen hat, statt umgekehrt. Ein ähnlicher Effekt droht auch bei eines Prüfers Selbstdarstellung als „Prüfungsdidaktik-Nestor", wenn nämlich das kognitive Wechselspiel von Prüfer-Frage und Kandidaten-Antwort in einem Maße vom formaldidaktischen Überbau erdrückt wird, daß nicht nur das Prüfungskollegium vor Anerkennung sprachlos ist, sondern auch der auf eine solche didaktische Musterprüfung „nicht vorbereitete" Kandidat. Neben dem schriftlichen Prüfungsprotokoll hat sich auch die quantitative

Interaktionsanalyse als ein wirksames Instrument erwiesen, diese prüfungspsychologische Fehlerquelle sichtbar und damit vermeidbar zu machen.

Psychologisch begründbares Fehlverhalten, das die Urteilsfindung bei der mündlichen Prüfung negativ beeinflussen kann, bezieht sich aber nicht nur auf das Selbstbild des Prüfers, sondern weit häufiger auf das Bild des Prüfers vom anderen, vom Kandidaten. Die Gefahr, daß die abschließende Be-Urteilung von einem weite Strecken das Prüfungsgespräch begleitenden — negativen oder positiven — Vor-Urteil geprägt wird, ist immer gegenwärtig. Hier steht fast synonym mit „dem ersten Eindruck" der *Halo-Effekt.* So wie der Lichtkranz die Sonne oder den Mond als Hof umstrahlt, so umstrahlt auch der Halo-Effekt der ersten Antwort des Prüflings alle seine weiteren Antworten. Anfang gut/schlecht, alles gut/schlecht und Schlußbewertung gut/schlecht. Noch folgenschwerer wirkt sich der Halo-Effekt aus, wenn der „erste Eindruck" aus den vorher „als Richtschnur" bekanntgegebenen Vornoten der schriftlichen Arbeiten resultiert. Eine rein positive Erwartungshaltung des Prüfers gegenüber dem Kandidaten liegt dem *Pygmalion-Effekt* zugrunde. Wie der sagenhafte Zypern-König, wie Prof. Higgins in Shaws Travestie, so müht sich der Prüfende um seinen Musterkandidaten — jeden Prüfungsmißerfolg verdrängend, weil nicht sein kann, was nicht sein darf. Einmal gefällte Vorurteile können sich beim Prüfer so verfestigt haben, daß es im Laufe des Prüfungsgespräches zu unbewußtem oder (in Ausnahmefällen) bewußtem *Fehlhören oder Fehldeuten* kommen kann. Kennzeichen des Fehldeutens ist das begünstigende oder schädigende Fehlinterpretieren einer Antwort des Prüflings. Ein Beispiel für Fehlhören: Der Prüfer erklärt abschließend dem Prüfungsgremium mit Bestimmtheit, der Kandidat habe eine falsche Antwort gegeben, obwohl alle übrigen Mitglieder des Prüfungskollegiums die richtige Antwort gehört haben. Negative oder positive Vorurteile von Prüfer und Prüfungskollegium — überwiegend nonverbal signalisiert — wirken während der Prüfung durch gruppendynamische Prozesse auf den Kandidaten zurück. Bei manchen mündlichen Prüfungen kann eine Verhaltensweise bzw. Verhaltensänderung des Prüflings beobachtet werden, die genau jenem Verhalten entspricht, das von den Prüfern aufgrund ihres Vorurteils antizipiert wurde. Diese „self-fulfilling"-Reaktion ist in der Sozialpsychologie unter dem Namen *„Andorra-Phänomen"* (nach dem Schicksal des Jungen Andi in dem Schauspiel von Frisch) bekannt. Unter Umständen kann sogar noch nach Abschluß des Prüfungsgespräches, nämlich während der Beratung des Prüfungsergebnisses, eine auf psychologische Wirkfaktoren zurückzuführende Fehlerquelle die Leistungsbewertung beeinflussen. Der Kandidat stehe in seiner mündlichen Prüfungsleistung zwischen den Noten zwei und drei. Der Vorsitzende schlägt vor, eine

Zwei zu geben. Oder er regt an, eine Drei zu geben. Die übrigen Mitglieder des Prüfungskollegiums sind im Dienstbetrieb von dem Vorsitzenden abhängig. Wird jetzt der sogenannte „*Hierarchie-Effekt*" wirksam, so schließen sich die übrigen Mitglieder des Prüfungskollegiums dem Signalement des Vorsitzenden an, ganz gleich, wie es innerhalb bestimmter extremer Eckwerte ausfällt und ganz gleich auch, zu welchem persönlichen Votum das einzelne Kollegiums-Mitglied gelangt war, bevor der Vorsitzende seine Anregung zur Notenfestsetzung mitteilte. Eine mündliche Prüfung besteht nicht aus einer Abfolge prüfungspsychologischer Fehlleistungen. Aber ihr Personalitäts-Charakter, ihre gelobte und sie kennzeichnende Eigenart, macht sie zugleich empfindlich für den Einfluß einer Vielzahl von den Beteiligten nur selten bewußt wahrgenommener individualpsychologischer und gruppendynamischer Einflußgrößen. Allein schon die Kenntnis dieser möglichen Fehlerquellen, das spontane ihrer Bewußtwerden während des Prüfungsgeschehens und der Mut zur Verhaltenskorrektur sind ein großer Schritt des Prüfers hin zur praktischen Ausübung seiner Eigenverantwortlichkeit für ein Höchstmaß an Prüfungsobjektivität. Ein Prüfer muß sich bei der Wahl seines Prüfungsstils immer darüber im klaren sein, daß der Prüfling sogar einen Rechtsanspruch auf ein faires Prüfungsverfahren besitzt. Wie in einem neueren Urteil des *Bundesverwaltungsgerichtes* (Urteil vom 28. April 1978 — 7 C 50.75) festgestellt wird, gerät ein Prüfer, der selbst völlig unzureichende Prüfungsleistungen eines Kandidaten fortlaufend sarkastisch, spöttisch, höhnisch oder in ähnlich herabsetzender Form kommentiert, dadurch in Widerspruch zu dem das Prüfungsrecht beherrschenden Grundsatz der Chancengleichheit (Art. 3 Abs. 1 GG), daß er den Prüfling in seinem Recht auf eine faire Prüfung verletzt. Das führt zur Rechtswidrigkeit der dann getroffenen Prüfungsentscheidung.

Als weitere Komponente des Bedingungsrahmens, dem sich der Prüfer bei der Abhaltung einer mündlichen Prüfung hinsichtlich möglicher prüfungspsychologischer Fehlerquellen gegenübersieht, ist die sehr hohe physische und psychische Belastung zu nennen, unter der der Prüfer selbst steht. Eine wichtige Voraussetzung für eine gerechte, ausgewogene und differenzierte Leistungsbewertung ist das Vorhandensein eines der Komplexität des Entscheidungsfindungsprozesses angemessenen Zeitreservoirs. Für die Bewertung schriftlicher Prüfungsleistungen trifft dies zu. Die mündliche Prüfung dagegen ist bestimmt durch einen hohen Zeitdruck während der einzelnen Prüfungsgespräche und das Andauern dieses Zeitdruckes über die gesamte Zeitdauer des Prüfungstages hinweg. Dadurch wird die Kraft der wiederum auf den typischen Personalitätscharakter der mündlichen Prüfung zurückzuführenden, auf den Prüfenden wirkenden Streßfaktoren weiter verstärkt. Nachfolgend werden einige dieser Streßfaktoren skizziert.

Es ist noch viel zu wenig untersucht worden, welche hochkomplexe intellektuelle Leistung ein Prüfer eigentlich in einer Prüfung vollbringt. In jeder Zeitphase eines Prüfungsgespräches laufen beim Prüfenden Denkprozesse in gleichzeitig drei Dimensionen ab. In Dimensionen zudem, die zum Teil gegensätzliche intellektuelle Operationen erfordern. Der Prüfende muß zunächst das Gespräch mit dem Kandidaten inhaltlich führen (inhaltliche Dimension). Er muß, noch bevor der Kandidat seine Ausführungen beendet hat, beginnen, die Antwort des Prüflings zu bewerten (Dimension der Urteilsfindung). Zugleich muß der Prüfende aber gedanklich bereits die nächste Aufgabe vorbereiten, um sie dem Kandidaten in einer dem bisherigen und weiter geplanten Gesprächsverlauf entsprechenden geeigneten Weise zu stellen (Dimension der interaktionellen Strukturierung, kognitiv und formal). Die Gefahr des Auftretens von Interferenzen bei der Informationsverarbeitung und daraus resultierender Bewertungsprobleme liegt auf der Hand. Hinzu kommt, daß sich der Prüfer bei der — ja unter hohem Zeitdruck stehenden — Gedankenarbeit in der Bewertungsdimension zumindest unbewußt mit drei Rollen gleichzeitig identifizieren muß. Er ist, um es „juristisch" auszudrücken, Ankläger, Verteidiger und Richter in einer Person. In seiner Funktion als „Ankläger" hat der Prüfende in einer Art unnachgiebiger Objektivität die gezeigten Leistungen daraufhin zu überprüfen, ob sie es rechtfertigen, dem Kandidaten den Zugang zu den „knappen" Privilegien zu öffnen, die die Gesellschaft den erfolgreichen Prüfungsabsolventen als Zertifikatsinhabern zuerkennt. In der Rolle des „Verteidigers" des Prüflings hat der Prüfende zugleich die Aufgabe, während des Prüfungsgespräches die Stärken und Fähigkeiten des Kandidaten auszuloten und bei der Leistungsbewertung darauf hinzuwirken, daß jeder, auch der geringfügigste positive Aspekt des Verlaufes des Prüfungsgespräches in ausreichendem Maße berücksichtigt wird. In der Rolle des „Richters" schließlich hat der Prüfer nicht nur die zum Teil ja divergierenden Eindrücke aus der Wahrnehmung der beiden eben genannten Rollen gewissenhaft gegeneinander abzuwägen, sondern aus Gründen der Chancengleichheit auch die Leistungen des einzelnen Prüflings an den Leistungen der Gesamtheit der Kandidaten zu messen. Hier ergeben sich deutliche Rollendiskrepanzen. Als weiterer Streßfaktor, der nicht nur auf den Kandidaten, sondern auch auf den Prüfenden einwirkt, ist die Forderung insbesondere bei mündlichen Studienabschlußprüfungen im tertiären Bildungsbereich aufzuführen, neben der wissenschaftlichen Leistung des Kandidaten noch weitere Leistungsbereiche zu bewerten. Während der Antwort bzw. des Vortrages des Kandidaten hat der Prüfende gleichzeitig mit und zusätzlich zu der Dimension Wissen (Umfang und Qualität) die Dimension „Sprache" und die Dimension „Form" zu bewerten. Entsprechen die Beherrschung der — beispielsweise juristischen — Fachterminologie, die Plastizität des Sprechdenkens, das Differenzierungs- und Synonymisierungsvermögen den zu stellenden Anforderungen? Und ebenso die gedankliche Strukturierung, die Überzeugungskraft, die Reagibilität und Flexibilität bei Zwischenfragen usw.? Die Bewertung dieser Leistungsdimensionen, deren Ergebnisse in die Schlußbewertung eingehen — wenn auch mit geringerem Gewicht als die Wissensbeurteilung — erfordern vom Prüfenden Beurteilungsqualitäten, die von seiner Fachkompetenz allein nicht abgedeckt werden.

Der Zwang zum Denken in gleichzeitig drei Dimensionen während des unter Zeitdruck stehenden Prüfungsgespräches, die Aufgabe, bei der Leistungsbewertung außer dem Wissensbereich noch weitere Leistungsbereiche in eine im Zweifel zu belegende Beurteilungsfindung einzubeziehen und dies in fairer Balance dreier zum Teil divergierender Prüfer-Rollen, stehen beispielhaft für weitere Streßfaktoren unterschiedlicher Intensität, die bei mündlichen Prüfungen auch den routinierten Prüfer psychisch wie physisch belasten. Und zwar um so stärker, je länger die Prüfungstätigkeit andauert. Der Prüfende, aber auch die übrigen anwesenden Mitglieder des Prüfungskollegiums, vor allem der Vorsitzende, müssen rechtzeitig erkennen, wann eine mündliche Prüfung in ein Stadium eintritt, wo Schwächen in der Konzentration zu Kettenfragen, Fragenkaskaden oder allgemein zu unklaren und unvollständigen Fragen an den Kandidaten führen. Wo ein kurzfristig — und vorübergehend — in seiner Aufnahmekapazität erschöpftes Kurzzeitgedächtnis des Prüfers die Prüflingsantworten nur noch unter großen Anstrengungen zu speichern und zu verarbeiten vermag. Wo ein Einzelprüfling oder eine Kandidatengruppe auf ein gegen Ende eines Prüfungstermins erschöpftes, mürrisches Prüfungskollegium trifft. Auch die psychisch-physische Belastbarkeit der „Prüferseite“ hat naturgemäß eine Grenze. Und auch hieraus können nicht zu unterschätzende Probleme hinsichtlich einer objektiven Bewertung mündlicher Prüfungsleistungen erwachsen.

Der Ablauf einer mündlichen Prüfung sollte durch eine psycho- und gruppendynamisch von Empathie getragene stabile psychologische Atmosphäre gekennzeichnet sein. Die Erfolgsaussichten für eine Vermeidung oder zumindest Verminderung des Wirksamwerdens psychologischer Fehlerquellen bei der Leistungsbewertung sind um so größer, je mehr Sorgfalt auf die prüfungsdidaktische Vorbereitung des Prüfungsablaufes verwendet wird. Dies gilt hinsichtlich der Einzelprüfung für die Festsetzung eindeutiger und operationalisierbarer Prüfungsziele und -teilziele, für die inhaltlich-ablaufbezogene Strukturierung der Prüfungsinhalte, für die exakte Vorausplanung des Prüfungsmethoden-„Mix“ und für die Vorbereitung der Prüfungsevaluation durch das Prüfungsprotokoll. Dies gilt ebenso für die Ablaufplanung aller aufeinanderfolgender Einzelprüfungen während eines bestimmten Prüfungstermins in der Prüfungs-Vorbesprechung des Prüfungskollegiums durch den Vorsitzenden.

III.

Ein weiteres mögliches Problem bei der Bewertung mündlicher Prüfungsleistungen: ein unzureichender Zusammenhang zwischen den Inhalten der Prüfungsfragen mit dem vorher vermittelten Wissen einerseits und dem in der Praxis — auf deren Erfordernisse ja Lernziele und Prüfungsziele ausgerichtet sind — verlangten Wissen andererseits. Stellt man sich das Lernfeld, das Prüfungsfeld und das Anwendungsfeld auf einem Schaubild als drei konzentrische Kreise vor, so kann das inhaltliche „Prüfungs-Optimum" durch die einfache Formel ausgedrückt werden, daß der Radius des Prüfungsfeld-Kreises etwas größer ist als der Radius des Anwendungsfeld-Kreises, andererseits aber von dem Radius des Lernfeld-Kreises etwas übertroffen wird. Mit anderen Worten: der Kandidat hat sich etwas mehr Wissen angeeignet, als zum Bestehen der Prüfung erforderlich ist, die Prüfungsinhalte sind ihrerseits etwas breiter und tiefer als in dem betreffenden Praxisbereich gefordert wird. Dieses Prüfungs-Optimum, wie ebenfalls auch nur eine Deckungsgleichheit zwischen Lernfeld, Prüfungsfeld und Anwendungsfeld, kann auch langfristig wohl nur als Utopie in der pädagogischen und andragogischen Theorienbildung angesehen werden. Der Regelfall ist eine segmentive Deckung von Lernfeld, Prüfungsfeld und Anwendungsfeld. Durch eine sorgfältige inhaltliche Vorbereitung der mündlichen Prüfung kann aber erreicht werden, daß die Bereiche gegenseitiger Überdeckung an Breite gewinnen, so daß beispielsweise die Abfrage und die Bewertung von Wissensstoff, der vorher nicht als prüfungsrelevant determiniert war, auf ein dem Kandidaten zumutbares Maß beschränkt bleibt. Es ist dem Prüfling zuzumuten — insbesondere im Hochschulbereich —, daß in der mündlichen Prüfung einige Fragen auf Wissensstoffe zielen, die ihm vorher nicht in der betreffenden Bildungsinstitution vermittelt wurden, aber in dem von ihm gewählten Berufsfeld gefordert werden. In jeder Phase des Ablaufes einer mündlichen Prüfung muß sich aber der Prüfungsfeld-Kreis entweder mit dem Lernfeld-Kreis oder mit dem Anwendungsfeld-Kreis schneiden. Steht eine Prüfungsfrage weder im Zusammenhang mit dem vermittelten noch mit dem in der Berufspraxis geforderten Wissen, so resultiert aus der Bewertung der entsprechenden Kandidaten-Antwort eine Verfälschung der Gesamtbewertung — entweder begünstigend oder schädigend.

In jeder mündlichen Prüfung ist ein bestimmter Anteil von „leichten" und „schweren" Fragen enthalten. Zwischen diesen beiden Extremwerten kann eine theoretisch unendliche Anzahl von Schwierigkeitsgraden der vom Prüfling bei seiner Antwort geforderten intellektuellen Leistung unterschieden werden. Aus dem Bedürfnis nach einer entsprechenden Differenzierung der Bewertung folgt die Forderung nach einem hinreichenden Kriterienraster für eine systematische Hierarchisierung der Prüfungsfragen. Lerntheorie und Lehrpraxis standen und stehen bei der Wissensvermittlung vor einem ähnlichen Problem: es wird bemängelt, daß bei einer Vermittlung aller Lehrinhalte in stets gleichbleibender Intensität in bezug auf das gesetzte Lernziel Redundanzen in peripheren Wissensbeständen zu Lasten einer Vertiefung im Kernwissen entstehen können. Um dieser Gefahr zu begegnen, werden im primären und im sekundären Bildungsbereich, aber auch bei Fachhochschulen, die kognitiven Lernziele taxonomisiert. Es wird eine Differenzierung der Lernziele nach Lernintensitätsstufen vorgenommen, die eine ebenso intensitätsbezogen differenzierte Vermittlung der Lehrinhalte ermöglicht. In dem vom Deutschen Bildungsrat (Empfehlungen der Bildungskommission) entwickelten Strukturplan für das Bildungswesen ist ein Lernziel-Taxonomisierungsschema enthalten, das auf den folgenden vier Stufen der Lernintensität aufgebaut ist:

— 1. Stufe: Reproduktion; Lernziel ist, das Gelernte auf Abruf durch Stichworte aus dem Gedächtnis wiederzugeben.

— 2. Stufe: Reorganisation; es wird nicht nur der Gedächtnisstand an Wissen erfragt, sondern eine selbständige Reorganisation des Gelernten verlangt.

— 3. Stufe: Transfer; Grundprinzipien des Gelernten sollen auf neue, ähnliche Aufgaben übertragen werden.

— 4. Stufe: Problemlösen; es sollen Aufgaben gelöst werden, die problemlösendes Denken und entdeckende Denkverfahren fördern. Es werden Lernziele angestrebt wie: zu einem abgehandelten Sachverhalt zusätzliche neue Fragen zu stellen, konstruktive Kritik zu üben, Alternativen zu entdecken, Hypothesen zu finden und aufzustellen.

Es erscheint naheliegend, die Taxonomisierung bei der Wissensvermittlung durch eine entsprechende Taxonomisierung bei der Wissenabfrage zu ergänzen. Wenn man die eben wiedergegebenen Beschreibungen der Lernintensitätsstufen genau betrachtet, wird deutlich, daß in ihnen bereits ein in die Praxis umsetzbares Kriterienraster für eine Stufung der Prüfungsfragen nach Schwierigkeitsgraden enthalten ist. Stellt der Prüfer eine Reproduktions-Frage, so ist hier bei der vom Kandidaten geforderten intellektuellen Leistung der geringste Schwierigkeitsgrad angesprochen. Der Prüfling reproduziert Wissen, er antwortet repetitiv in einfachen Sätzen, ohne sein Wissen vorher reorganisiert zu haben. Eine Reorganisations-Frage verlangt vom Prüfling, daß er dem Prüfenden einen bestimmten Problembereich nach Reorganisation des entsprechenden Wissensbestandes durch Einsicht verstehend in fachgerechtem Sprachmuster vorträgt. Wird dem Prüfling eine Transfer-Frage gestellt, so ist er aufgefordert, Wissen und intellektuelle Fertigkeiten, die er früher bei der Behandlung einer bestimmten Problemsituation erworben hat, auf eine neue, ihm im Prüfungsgespräch zur Aufgabe gestellte Problemsituation anzuwenden. Mit der Problemlösungs-Frage ist die höchste Schwierigkeitsstufe in einem Prüfungsgespräch erreicht. Hier hat sich der Prüfling mit der von ihm gefundenen Problemlösung auseinanderzusetzen und sie, Alternativen analysierend, in Frage zu stellen. Bei der Festsetzung der Prüfungsnote — in der nach wie vor die Ausführlichkeit und Richtigkeit der gegebenen Antwort ihren besonderen Niederschlag findet — wird dem Rang der Frage in der Hierarchie der Schwierigkeitsgrade durch einen Bewertungsmultiplikator Rechnung getragen.

Das Ausbildungs- und Prüfungsrecht in der Rechtsprechung des Bundesverfassungsgerichts

Von Engelbert Niebler

Zum Bereich Vorbereitungsdienst und Prüfungen gibt es relativ wenig Entscheidungen des Bundesverfassungsgerichts. Deshalb erlaube ich mir, auch drei wichtige Entscheidungen anderer Gerichte heranzuziehen.

A. I.

Zunächst möchte ich die Rechtsgrundlagen unseres Ausbildungs- und Prüfungswesens behandeln, die Ausbildungs- und Prüfungsordnungen.

1. Anhand eines Streites um die Erhebung von Prüfungsgebühren — die gab es vor 10 Jahren noch — hatte sich das *Bundesverfassungsgericht* aufgrund einer Vorlage des Verwaltungsgerichts Frankfurt mit der Frage zu befassen, wieweit der Gesetzgeber die Befugnis zur Normsetzung an die Exekutive übertragen kann.

§ 93 Abs. 2 Satz 1 des Hessischen Richtergesetzes vom 19. Oktober 1962 bestimmte:

„(2) Die Landesregierung erläßt eine Juristische Ausbildungsordnung; diese regelt die Errichtung von Prüfungsämtern, die Zusammensetzung der Prüfungsausschüsse, das Prüfungsverfahren, die Dauer und die Einteilung des Vorbereitungsdienstes im Rahmen des § 5 Abs. 3 des Deutschen Richtergesetzes sowie die beamtenrechtlichen Folgen der Ablegung und des wiederholten Nichtbestehens der zweiten Prüfung. ..."

a) Mit dem Kläger des Ausgangsverfahrens — der seine gezahlte Prüfungsgebühr zurückforderte — hielt das Verwaltungsgericht Frankfurt diese gesetzliche Ermächtigung nicht für genügend bestimmt. Der vom Verwaltungsgericht zunächst angegangene Hessische Staatsgerichtshof erklärte die Vorschriften mit Urteil vom 4. Dezember 1968 als mit der Verfassung des Landes Hessen vereinbar.

b) Das Verwaltungsgericht setzte sein Verfahren daraufhin nach Art. 100 Abs. 1 GG erneut aus. Es legte dem Bundesverfassungsgericht die Frage vor, ob § 93 Abs. 2 Satz 1 HRiG mit dem Grundgesetz vereinbar sei, soweit er zur Regelung der Erhebung von Prüfungsgebühren ermächtige.

c) Das *Bundesverfassungsgericht* hat mit Beschluß vom 10. Oktober 1972 (*BVerfGE 34,* 52 ff.) festgestellt, daß § 93 Abs. 2 Satz 1 HRiG mit dem Grundgesetz vereinbar ist.

aa) Zunächst wird die Gesetzgebungsbefugnis des Landes Hessen bejaht. Der Bund habe nach Art. 74 Nr. 1 GG die konkurrierende Gesetzgebung. Das Deutsche Richtergesetz in der für die Entscheidung maßgeblichen Fassung enthalte keine näheren Bestimmungen über das Prüfungsverfahren. Da der Bund insoweit die Zuständigkeit nicht in Anspruch genommen habe, ergebe sich nach Art. 72 Abs. 1 GG die Zuständigkeit der Länder.

bb) § 93 Abs. 2 Satz 1 HRiG verstoße nicht gegen das Prinzip der Gewaltenteilung. Dieses nach Art. 28 Abs. 1 Satz 1 GG auch für die Länder verbindliche Verfassungsprinzip könne in verschiedener Weise ausreichend konkretisiert werden. Die Teilung der Gewalten sei für das Grundgesetz ein tragendes Organisations- und Funktionsprinzip. Jedoch sei dem Verfassungsaufbau des Grundgesetzes keine absolute Trennung der Gewalten zu entnehmen, sondern vielmehr gegenseitige Kontrolle, Hemmung und Mäßigung der Gewalten. Doch muß — so führt das Gericht weiter aus — die in der Verfassung vorgenommene Verteilung der Gewichte zwischen den drei Gewalten bestehenbleiben. Keine Gewalt darf ein von der Verfassung nicht vorgesehenes Übergewicht über eine andere Gewalt erhalten. Keine Gewalt darf der für die Erfüllung ihrer verfassungsmäßigen Aufgaben erforderlichen Zuständigkeiten beraubt werden. Der Kernbereich der verschiedenen Gewalten ist unveränderbar. Damit ist ausgeschlossen, daß eine der Gewalten die ihr von der Verfassung zugeschriebenen typischen Aufgaben preisgibt.

Für das Verhältnis von Legislative und Exekutive bedeutet dies: Im freiheitlich-demokratischen System des Grundgesetzes fällt dem Parlament als Legislative die verfassungsrechtliche Aufgabe der Normsetzung zu. Nur das Parlament besitzt die demokratische Legitimation zur politischen Leitentscheidung. Zwar billigt das Grundgesetz — wie Art. 80 GG verdeutlicht — auch eine „abgeleitete“ Normsetzung der Exekutive. Die Rechtsetzung der Exekutive kann sich aber nur in einem beschränkten vom Gesetzgeber vorgezeichneten Rahmen vollziehen. Das Parlament darf sich seiner Verantwortung als gesetzgebende Körperschaft nicht dadurch entziehen, daß es einen Teil seiner Gesetzgebungsmacht der Exekutive überträgt, ohne dabei genau die Grenzen dieser übertragenen Kompetenzen bedacht und bestimmt zu haben. Genügt die Legislative dem nicht, so wird die vom Grundgesetz vorausgesetzte Gewaltenbalancierung im Bereich der Normsetzung einseitig verschoben. Eine pauschale Übertragung normsetzender Gewalt auf die Exekutive ist mit dem Prinzip der Gewaltenteilung unvereinbar.

All dies ergibt sich auch aus dem Rechtsstaatsprinzip, insofern es verlangt, daß für den Bürger hinreichend berechenbar gemacht wird, was Inhalt einer auf eine gesetzliche Ermächtigung gestützten Verordnung sein kann.

Soweit der Exekutive die Befugnis zur Normsetzung übertragen ist, muß sich der Inhalt der verordnungsrechtlichen Norm an dem Willen des Gesetzgebers orientieren und auch orientieren können. ... Wird der Inhalt der Verordnung vom gesetzgeberischen Willen nicht umfaßt, so hat der Verordnunggeber die ihm von der Ermächtigung gezogene Grenze überschritten. Eine solche Verordnung ist mangels hinreichender Ermächtigungsgrundlage unwirksam. Dies zu entscheiden, gehört im Verfahren nach Art. 100 Abs. 1 GG allerdings nicht in die Zuständigkeit des Bundesverfassungsgerichts. Sehr wohl gehört aber zur Entscheidungskompetenz des Bundesverfassungsgerichts, ob die gesetzliche Ermächtigung den dargelegten Grundsätzen entspricht.

§ 93 Abs. 2 Satz 1 HRiG überschreitet nicht die durch das Prinzip der Gewaltenteilung und das Rechtsstaatsprinzip einer gesetzlichen Ermächtigung zum Erlaß von Verordnungen gesetzten Grenzen; der Gesetzgeber hat sich hier der ihm obliegenden und unveräußerlichen Pflicht und Verantwortung nicht begeben. Der grundsätzliche Vorrang des gesetzgeberischen Willens ist beachtet. Dieser Wille, an dem sich der Verordnunggeber soll orientieren können, ist deutlich erkennbar. Dem Verordnunggeber ist in § 93 Abs. 2 Satz 1 HRiG nur eine ergänzende Normsetzung aufgetragen.

§ 93 Abs. 2 Satz 1 HRiG enthält keine inhaltsleere Ermächtigung. Als Gegenstand der zu erlassenden Rechtsverordnung der Landesregierung ist die „juristische Ausbildung“ bezeichnet. Das Deutsche Richtergesetz und das Hessische Richtergesetz stellen dem Verordnunggeber einen ersten Rahmen bereit. Der hessische Gesetzgeber hebt das Prüfungsverfahren besonders hervor. Er ordnet zudem nicht erstmals den zu regelnden Sachbereich. Die Ermächtigungsgrundlage knüpft für die juristische Ausbildung selbst an den Normenbestand der Ausbildungsordnung vom 27. November 1957 an. Bezieht sich eine Ermächtigung auf einen Sachbereich, der bereits durch eine Verordnung geregelt war, so macht der Gesetzgeber dadurch deutlich, daß die vom Verordnunggeber zu treffende Einzelregelung sich an den bisherigen Grundsätzen orientieren soll. Der Gesetzgeber schließt zwar eine Änderung nicht aus; er erwartet vom Verordnunggeber aber, daß dieser die einmal getroffene Konzeption der früheren Verordnung nicht ohne Grund verlassen wird. § 93 Abs. 2 Satz 1 HRiG ist mithin nicht so weit gefaßt, daß es der Exekutive unmöglich ist, das gesetzgeberische Konzept sinnvoll nachzuvollziehen.

Das Erheben von Gebühren für eine besondere Leistung der Verwaltung gehört zum tradierten Bestand staatlicher Tätigkeit. Kostendeckungsprinzip und Verhältnismäßigkeitsprinzip sind richtungweisende Korrektive für den Verordnunggeber. Der Gesetzgeber darf davon ausgehen, daß der Verordnunggeber diese Prinzipien beachtet. In Anbetracht dessen werden die prinzipielle Trennung der Gewalten und die Eigenständigkeit der Legislative gegenüber der normsetzenden Exekutive nicht dadurch in Frage gestellt, daß § 93 Abs. 2 Satz 1 HRiG einen ziffernmäßig bestimmten Gebührenrahmen nicht ausdrücklich vorsieht (vgl. *BVerfGE 20*, 257 [269]). Die in der Verordnung festgesetzte Gebühr hält sich offensichtlich innerhalb der dargestellten allgemeinen Grenzen.

2. Die Verfassungsmäßigkeit des Bremer Juristenausbildungsgesetzes hat der *Staatsgerichtshof Bremen* in seinem Urteil vom 23. September 1974 behandelt. Er hat festgestellt, daß bestimmte Teile des Gesetzes gegen die Art. 12 Abs. 1 und 20 Abs. 2 GG — und die entsprechenden Bestimmungen der Landesverfassung — verstoßen und daher nichtig sind.

Über die Verfassungsmäßigkeit der daraufhin erfolgten Neufassung des Bremer Juristenausbildungsgesetzes wird möglicherweise das Bundesverfassungsgericht noch zu entscheiden haben. Deshalb bitte ich um Verständnis dafür, daß ich auf diesen Fragenkomplex nicht eingehe.

3. In seinem Beschluß vom 5. Oktober 1977 (*BVerfGE 46*, 43 ff.) — auf den ich noch näher eingehen werde — hat das *Bundesverfassungsgericht* sich nicht generell mit den Rechtsgrundlagen der hamburgischen Juristenausbildungsordnung vom 10. Juli 1972 auseinandergesetzt. Jedoch geht der Senat von der Gültigkeit der JAO, insbesondere der grundlegenden Bestimmung des § 1 Abs. 2 aus, der das Leitbild der Juristenausbildung festlegt.

4. Die Gültigkeit der Bayerischen Justizprüfungsordnungen ist vom *Bayerischen Verfassungsgerichtshof* bereits wiederholt bestätigt worden.

Die beiden Senate des Bundesverfassungsgerichts haben sich mit der Rechtsgrundlage der Bayer. Justizausbildungs- und Prüfungsordnung noch nicht befaßt. Jedoch ist in den Gründen eines Dreier-Beschlusses gemäß § 93 a Abs. 3 BVerfGG vom 25. Februar 1977 festgestellt, daß die gesetzliche Ermächtigung für die JAPO in Art. 115 Abs. 2 BayBG hinreichend bestimmt sei. Auch in 4 weiteren Dreier-Beschlüssen [vom 25. März 1971, 8. August 1974, 19. Dezember 1974, 15. Mai 1975] wurden keine Bedenken gegen die Gültigkeit der JAPO erhoben.

5. Ein Dreier-Beschluß vom 13. September 1977 betrifft die Gültigkeit der JAPO von Baden-Württemberg; auch hier sind Bedenken gegen die Rechtsgrundlage nicht ersichtlich.

II.

Der *Umfang* der gerichtlichen Nachprüfung ist verschieden.

1. Bei der Bedeutung der zweiten juristischen Staatsprüfung und der erzielten Abschlußnote für die Aufnahme eines juristischen Berufes und für das weitere berufliche Fortkommen muß eine besonders weitgehende Gleichbehandlung der Prüflinge erfolgen. Dem gesetzgeberischen Gestaltungsraum sind hier im Hinblick auf Art. 3 Abs. 1 und Art. 12 Abs. 1 GG enge Grenzen gezogen. Der Gesetzgeber ist — wie in einem Beschluß vom 25. Juni 1974 (*BVerfGE 37*, 342 ff.) zu den nordrhein-westfälischen Übergangsbestimmungen vom 30. Mai 1972 festgestellt wird — gehalten, die Chancengleichheit der Prüflinge, soweit wie irgend möglich, sicherzustellen. Dies unterliegt zwangsläufig in vollem Umfang der gerichtlichen Nachprüfung.

2. Anders sind die Maßstäbe bei der Kontrolle der Prüfungsentscheidungen im Einzelfall.

Ein Steuerberater hatte das Wirtschaftsprüferexamen nicht bestanden. Die Klage zum Verwaltungsgericht, die Berufung zum Verwaltungsgerichtshof und die Nichtzulassungsbeschwerde zum Bundesverwaltungsgericht blieben erfolglos. Seine Verfassungsbeschwerde wurde mangels Erfolgsaussicht durch Beschluß des zuständigen Dreier-Ausschusses vom 29. März 1977 nicht angenommen. In den Gründen des Beschlusses heißt es:

„Die Auffassung des Verwaltungsgerichts und des Verwaltungsgerichtshofs, die vom Beschwerdeführer angefochtene Prüfungsentscheidung sei nur eingeschränkter gerichtlicher Nachprüfung zugänglich, verstößt weder gegen Art. 19 Abs. 4 noch gegen Art. 103 Abs. 1 GG. Es ist verfassungsrechtlich nicht zu beanstanden, wenn sich die Verwaltungsgerichte bei Prüfungsentscheidungen wegen des persönlichen Werturteils der Prüfer, das der Richter nicht nachvollziehen kann, damit begnügen zu untersuchen, ob die Prüfer von falschen Tatsachen ausgegangen sind, allgemeingültige Bewertungsgrundsätze mißachtet haben oder sich von sachfremden Erwägungen haben leiten lassen. Ob solche Verstöße vorliegen, beantwortet sich ebenso wie die Frage nach der Bestandskraft der Prüfungsentscheidung aus einfachem Recht. Bei dessen Anwendung und Auslegung haben die mit der Sache befaßten Gerichte keine Grundrechte des Beschwerdeführers verletzt.“

III.

Zur Gestaltung der Prüfungen gibt es ebenfalls einige Entscheidungen.

1. Ein Prüfungsteilnehmer der ersten juristischen Staatsprüfung in Bayern wurde wegen Unterschleifs in einem schweren Fall von der Prüfung ausgeschlossen und die Prüfung als nicht bestanden erklärt; er hatte in der schriftlichen Prüfung einen Schönfelder benutzt, in dem er in kleiner Schrift zahlreiche umfangreiche Bemerkungen untergebracht hatte. Seine — beim Verwaltungsgericht erfolgreiche — Klage blieb beim Verwaltungsgerichtshof und beim Bundesverwaltungsgericht erfolglos. Die Verfassungsbeschwerde wurde — neben der mangelhaften gesetzlichen Ermächtigung zum Erlaß der JAPO — darauf gestützt, daß § 31 Abs. 1 JAPO nicht hinreichend bestimmt sei.

§ 31 Abs. 1 JAPO lautet:

„(1) Versucht ein Prüfungsteilnehmer das Ergebnis einer Prüfungsarbeit durch Unterschleif, Täuschung oder Benutzung nicht zugelassener Hilfsmittel zu eigenem oder fremdem Vorteil zu beeinflussen, so ist seine Arbeit mit der Note 7 zu bewerten. In schweren Fällen ist der Prüfungsteilnehmer von der Prüfung auszuschließen; er hat die Prüfung nicht bestanden. Der Besitz nicht zugelassener Hilfsmittel nach Ausgabe der Prüfungsaufgaben stellt einen Unterschleif dar, sofern der Prüfungsteilnehmer nicht nachweist, daß der Besitz weder auf Vorsatz noch auf Fahrlässigkeit beruht."

Im Beschluß des Dreier-Ausschusses vom 25. Februar 1977 heißt es dazu:

„Die Vorschrift des § 31 Abs. 1 JAPO ist ebenfalls hinreichend bestimmt. Im Hinblick auf die Vielfältigkeit möglicher Formen des Unterschleifs innerhalb einer Prüfung ist es schwerlich möglich, die Fälle ‚schweren' Unterschleifs auch nur beispielhaft aufzuzählen; nicht einmal im Strafrecht verzichtet man auf das Tatbestandsmerkmal des ‚schweren Falls'. Die Regelung ist demnach verfassungsrechtlich unbedenklich.

Auch die Anwendung der Vorschrift auf den konkreten Fall ist frei von Willkür. Allein die Darstellung, die das Urteil des Verwaltungsgerichtshofs über den Umfang und die Art der Unterbringung der kommentierenden Eintragungen in der Gesetzessammlung gibt (S. 11 f. der Urteilsausfertigung), läßt die Annahme eines schweren Falls als vertretbar erscheinen."

2. Zur Bewertung der schriftlichen Arbeiten darf ich zwei Entscheidungen anführen:

a) Im einen Fall hatte die Beschwerdeführerin die erste juristische Staatsprüfung wiederholt nicht bestanden. Das Verwaltungsgericht hob den Bescheid des Landesjustizprüfungsamtes auf, weil eine Klausur nicht gemäß § 11 Abs. 1 Satz 1 JAPO vom Erstkorrektor „persönlich" bewertet worden war. Der Prüfer hatte einen Assistenten zur Vorbewertung herangezogen. Den Korrekturablauf schildert er so:

„Der Assistent bekam von mir den Auftrag, die einzelnen schriftlichen Aufsichtsarbeiten durchzusehen und die nach seiner Meinung in positiver und negativer Hinsicht wichtigen Gesichtspunkte auf einem besonderen Blatt zu notieren sowie einen Bewertungsvorschlag zu machen. Das hat er getan. Ich habe sodann jede einzelne Aufsichtsarbeit persönlich begutachtet, d. h. ich habe jede von ihnen eingehend durchgesehen, sie mit handschriftlichen Randbemerkungen versehen und das Gutachten zu der Arbeit selber diktiert. Die Notizen des Assistenten habe ich jeweils erst herangezogen, wenn ich mir über die Arbeit ein Urteil gebildet hatte. Sie dienten mir zur zusätzlichen Sicherung dagegen, angesichts von über einhundert Arbeiten im Einzelfall etwa doch einmal einen wesentlichen Gesichtspunkt zu übersehen. Auf der Klausurarbeit selbst hat der Assistent in keinem Fall Vermerke gemacht."

Das Verwaltungsgericht wies die Klage ab. Zwar leide die Bewertung der Arbeit unter einem Verfahrensfehler; denn auch die erfolgte Vorkorrektur verstoße gegen § 11 Abs. 1 Satz 1 JAPO. Jedoch beruhe im vorliegenden Fall — wegen der schlechten übrigen Ergebnisse — das Prüfungsgesamtergebnis nicht auf dem festgestellten Fehler. Ein absoluter Verfahrensfehler, der ohne weiteres die Aufhebung des Prüfungsbescheides zur Folge habe, liege jedenfalls nicht vor. Diese Auffassung wurde vom Bundesverwaltungsgericht geteilt.

Die Verfassungsbeschwerde wurde durch Dreier-Beschluß vom 13. September 1977 nicht angenommen. In den Gründen heißt es u. a.:

„Die mit der Verfassungsbeschwerde angegriffenen Entscheidungen, die vom Bundesverfassungsgericht nicht in vollem Umfang, sondern nur unter dem Gesichtspunkt nachgeprüft werden, ob ‚spezifisches' Verfassungsrecht verletzt ist, lassen eine Verletzung von Grundrechten nicht erkennen. Sie beruhen entgegen der Ansicht der Beschwerdeführerin nicht darauf, daß Bedeutung und Tragweite des Art. 12 Abs. 1 GG in Verbindung mit dem Rechtsstaatsprinzip verkannt worden wären. Ein Gebot, *alle* Mängel, mit denen ein Prüfungsverfahren behaftet sein kann, als absolute Verfahrensfehler zu werten, die unmittelbar zur Aufhebung der Prüfungsentscheidung führen müssen, ist dem Grundgesetz nicht zu entnehmen. Es ist verfassungsrechtlich nicht zu beanstanden, wenn unwesentliche Verfahrensfehler unter bestimmten Voraussetzungen als rechtlich unerheblich angesehen werden. Selbst wenn Art. 12 Abs. 1 GG in Verbindung mit dem Rechtsstaatsprinzip in *bestimmten* Fällen die Anerkennung absoluter Fehler fordern würde, käme das nur in Betracht, falls *wichtige* rechtsstaatliche Verfahrensgarantien verletzt würden. Das ist im Hinblick auf § 11 Abs. 1 Satz 1 JAPO nicht erkennbar; es kann von Verfassungs wegen nicht generell gefordert werden, daß schriftliche Examensleistungen ausschließlich persönlich vom Prüfer bewertet werden, mag dies auch als sinnvoll nach einfachem Recht vorgeschrieben sein. Schließlich ist auch insoweit, als die Entscheidungserheblichkeit des festgestellten Verfahrensfehlers verneint wurde, ein Verstoß gegen ‚spezifisches' Verfassungsrecht nicht gegeben."

Die allgemeine verfassungsrechtliche Zulässigkeit einer Vorkorrektur von Prüfungsarbeiten durch Assistenten oder andere Mitarbeiter läßt sich m. E. aus dieser Entscheidung *nicht* herauslesen. Ich hätte da erhebliche Bedenken.

b) Im 2. Fall hatte ein erfolgreicher Teilnehmer der zweiten juristischen Staatsprüfung die Bewertung einer Arbeit angefochten, da sie unzureichend sei. Die Begründung der Bewertung lautete:

„Die sehr umfangreiche und viel Nebensächliches enthaltende Arbeit bietet wenig Brauchbares. Das eigentliche Problem der Aufgabe ist nicht erkannt und auch nicht bearbeitet. Einige Nebenfragen sind teils vertretbar, teils unzutreffend behandelt.

Eine im ganzen nicht mehr brauchbare Arbeit.

Note 6."

Die beim Verwaltungsgericht erfolgreiche Klage wurde vom Verwaltungsgerichtshof abgewiesen.

Die Verfassungsbeschwerde wurde durch Beschluß des Dreier-Ausschusses vom 19. Dezember 1974 mangels Erfolgsaussicht nicht angenommen. In den Gründen heißt es:

„Es bedarf keiner näheren Erörterung, ob und inwieweit es aus pädagogischen oder auch aus rechtlichen Gründen angezeigt gewesen wäre, in dem beanstandeten Prüfungsvermerk näher anzugeben, welche Probleme die Prüfer ihrerseits als die eigentlichen angesehen haben und weshalb die Ausführungen in der Prüfungsarbeit wenig brauchbar sind. Jedenfalls greift die mit der Verfassungsbeschwerde geltend gemachte Rüge des Beschwerdeführers nicht durch, er sei in seinen verfassungsmäßigen Rechten aus Art. 12 Abs. 1 und Art. 2 Abs. 1 in Verbindung mit Art. 19 Abs. 4 GG deshalb verletzt, weil der recht allgemein gehaltene Prüfungsvermerk eine gerichtliche Nachprüfung vereitele. Denn es blieb dem Beschwerdeführer unbenommen, an Hand des ihm bekannten Prüfungsvermerkes konkrete Einwände gegen die Bewertung vorzubringen, denen — wie der Verwaltungsgerichtshof ausgeführt hat — gegebenenfalls durch Vernehmung der Prüfer als Zeugen hätte nachgegangen werden können."

c) Interesse verdient in diesem Zusammenhang auch ein Beschluß des *Bayer. Verfassungsgerichtshofs* vom 2. November 1964, der sich mit der Wirtschaftsprüferprüfung befaßt. Der Beschwerdeführer hatte behauptet, ein Prüfer sei befangen gewesen, da er zu vier der 14 Prüfungsteilnehmer in näheren Beziehungen gestanden und daher seine schriftlichen Arbeiten nicht objektiv bewertet habe.

Dazu führt der Bayer. Verfassungsgerichtshof aus:

„Art. 118 Abs. 1 BV — der Art. 3 Abs. 1 GG entspricht — verbietet, daß gleichliegende Tatbestände, die aus der Natur der Sache heraus und unter dem Gesichtspunkt der Gerechtigkeit klar eine gleichartige Behandlung erfordern, objektiv willkürlich, d. h. ohne hinreichenden sachlichen Grund und ohne ausreichende Orientierung an der Idee der Gerechtigkeit ungleich behandelt werden.

Dieser Grundsatz ist verletzt, wenn ein Prüfer sich bei der wissenschaftlichen Bewertung einer Prüfungsarbeit in der Weise bewußt oder unbewußt von sachfremden Erwägungen leiten läßt, daß er die Arbeit unmittelbar um der Person des Prüflings willen schlechter bewertet, als er dies nach seinem besten Wissen und Gewissen dürfte, und wenn darauf der abschließende Akt des Prüfungsorgans, die Prüfungsentscheidung, beruht.

Gegen den Gleichheitssatz wird in einer Prüfung ferner dann verstoßen, wenn das dem Prüfling ungünstige Ergebnis darauf beruht, daß ein Prüfer zwar nicht unmittelbar ihm gegenüber befangen ist, aber Arbeiten anderer Prüflinge deshalb zu gut bewertet, weil er ihnen gegenüber und zu ihren Gunsten — bewußt oder unbewußt — nicht unparteiisch ist. Eine auch nur unbewußte Bevorzugung eines oder einiger Kandidaten kann zur Folge haben, daß dadurch andere Prüflinge bei der Bewertung ihrer Arbeiten benachteiligt werden. Denn für die Bewertung der einzelnen Arbeit ist nicht selten das Gesamtergebnis aller Prüflinge von Bedeutung. Dies kann sich, ... auch bei Prüfungen ohne Wettbewerbscharakter, sofern es sich, wie hier, um verhältnismäßig wenige Kandidaten handelt, dahin auswirken, daß Prüflinge infolge der Bevorzugung einiger unter ihnen, mag diese auch nur unbewußt erfolgen, zu schlecht bewertet werden.

Damit ist aber der Anwendungsbereich des Gleichheitssatzes auf dem Gebiet des Prüfungswesens noch nicht erschöpft. Eine nicht sachgerechte ungleiche Behandlung kann ... schon darin liegen, daß ein Prüfer an einer Prüfung teilnimmt, bei dem ... objektiv ein Grund vorliegt, der vom Standpunkt der Prüflinge aus auch bei vernünftiger Würdigung geeignet ist, Mißtrauen gegen die Unparteilichkeit zu rechtfertigen, auch wenn der Prüfer objektiv nicht parteiisch entscheidet. Ein solcher Grund kann — auch bei Prüfungen ohne Wettbewerbscharakter — insbesondere in Beziehungen zwischen dem Prüfer und einem Prüfling liegen ... Auch hier ist das durch Art. 118 Abs. 1 BV für Prüfungen verbürgte Prinzip der *Chancengleichheit* verletzt. Das gilt nicht nur für die mündliche Prüfung und u. U. für die Klausurarbeiten, sondern auch für die Hausarbeiten. Jedenfalls dann, wenn, wie im vorliegenden Fall, nur eine kleine Gruppe Hausarbeiten abliefert, besteht ungeachtet dessen, daß diese anonym abgegeben werden, die Gefahr, daß der Prüfer kraft seiner Beziehungen zu dem Prüfling dessen Arbeit am Stil, an der Schrift wie auch am Inhalt erkennt und mit Rücksicht darauf ihn — wenn auch nur unbewußt — zu Unrecht bevorzugt und andere benachteiligt. Diese Gefahr ist gerade dann nicht unerheblich, wenn die Hausarbeiten nicht über dasselbe Thema geschrieben werden und deshalb eine vergleichende Bewertung besonders schwierig ist. Die Beteiligung eines Hochschullehrers als Prüfer jedenfalls mit Beziehungen zu einem Prüfling, die sich nicht in einem Lehrer-Schüler-Verhältnis erschöpfen, das mit der wissenschaftlichen Ausbildung an der Hochschule naturgemäß verbunden ist, ist auch nicht sachgerecht und deshalb willkürlich im Sinne des Art. 118 Abs. 1 BV."

Eine unzulässige Bevorzugung einzelner Prüflinge hatte der Beschwerdeführer auch darin gesehen, daß Teile der wirtschaftsrechtlichen Klausurarbeit aus der veröffentlichten Fallsammlung „Schäffers Rechtsfälle aus dem Handelsrecht" entnommen worden seien.

Dazu erklärt der Bayer. Verfassungsgerichtshof:

„Wenn ... in einer Klausurarbeit ein Fall zu bearbeiten war, der sich im wesentlichen in einer veröffentlichten Fallsammlung befand, bedeutet dies keinen Verstoß gegen den Gleichheitssatz, und zwar ... deshalb nicht, weil die Fallsammlung allen Kandidaten gleichmäßig leicht zugänglich war und bekannt sein konnte. Inwiefern hier ... Kandidaten bevorzugt worden sein könnten, ist unerfindlich."

3. Mit dem Ausschluß von der mündlichen Prüfung bei nicht ausreichenden schriftlichen Leistungen befassen sich drei Dreier-Beschlüsse:

a) Im Beschluß vom 25. März 1971 heißt es:

„Prüfungsbestimmungen für die zweite juristische Staatsprüfung, die die Zulassung zur mündlichen Prüfung von einer noch ausreichenden Durchschnittsleistung im schriftlichen Teil der Prüfung abhängig machen, schränken das Grundrecht der freien Berufswahl jedenfalls dann nicht unverhältnismäßig ein, wenn sie im Falle der zweiten Wiederholung der Prüfung angewendet werden. In einem solchen Fall sind sie zumindest als ein zulässiger ‚Überschuß' an Ausbildungs- und Prüfungsanforderungen selbst dann hinzunehmen, wenn die erreichte schriftliche Durchschnittsnote zusammen mit nur ausreichenden mündlichen Leistungen insgesamt zum Bestehen der Prüfung geführt haben würde."

b) Generell mit dem Ausschluß von der mündlichen Prüfung bei der ersten bzw. zweiten juristischen Staatsprüfung in Bayern befassen sich zwei — weitgehend übereinstimmende — Dreier-Beschlüsse vom 15. Mai 1975. Ich darf die Begründung eines Beschlusses zitieren:

„Es ist mit den Grundrechten des Beschwerdeführers, insbesondere mit den Grundsätzen der Chancengleichheit und der Verhältnismäßigkeit nicht unvereinbar, wenn bei juristischen Staatsprüfungen nicht nur dem schriftlichen Teil eine überwiegende Bedeutung für das Prüfungsergebnis beigemessen, sondern darüber hinaus das Bestehen der Prüfung von einem gewissen Mindestmaß an schriftlichen Leistungen in der Weise abhängig gemacht wird, daß Kandidaten mit besonders schlechten schriftlichen Leistungen nicht zur mündlichen Prüfung zugelassen werden. Es ist daher verfassungsrechtlich grundsätzlich nicht zu beanstanden, wenn nach § 24 Abs. 3 und § 52 Abs. 2 a. F. der bayerischen Ausbildungs- und Prüfungsordnung für Juristen Kandidaten nicht zur Prüfung zugelassen werden, die in der schriftlichen Prüfung die Durchschnittswerte mangelhaft oder schlechter oder in mehr als der Hälfte von acht bzw. zwölf schriftlichen Arbeiten mangelhafte oder schlechtere Noten erhalten haben. Soweit diese Regelung selbst dann eingreift, wenn die erreichte schriftliche Gesamtnote noch ‚ausreichend' ist und zusammen mit nur ausreichenden mündlichen Leistungen insgesamt zum Bestehen der Prüfung geführt haben würde, dürfte es sich um einen ‚Überschuß' an Ausbildungs- und Prüfungsanforderungen handeln. Dieser ist jedoch hinzunehmen, weil die Chance der Wiederholung besteht oder bestanden hat. Das Bundesverfassungsgericht kann dem Normgeber auch nicht von Verfassungs wegen vorschreiben, in den genannten Fällen wenigstens bei Wiederholungsprüfungen von einer Nichtzulassung zur mündlichen Prüfung abzusehen."

4. Zur Gestaltung der mündlichen Prüfung darf ich — mangels entsprechender Erkenntnisse des Bundesverfassungsgerichts — eine neuere Entscheidung des *Bundesverwaltungsgerichts* anführen. Durch Urteil vom 28. April 1978 wurde ein Zeugnis über die ärztliche Vorprüfung aufgehoben. *Begründung:* Ein Prüfer, der auf Fehlleistungen im Prü-

fungsgespräch mit einer von Sarkasmus und Unsachlichkeit geprägten Kritik reagiert, verletzt das Gebot der Chancengleichheit sowie das Recht des Prüflings auf ein faires Verfahren.

Wegen der generellen Bedeutung dieser Entscheidung für *alle* mündlichen Prüfungen möchte ich doch einige Teile aus der Begründung zitieren:

„Die dem Prüfer aus Gründen der Chancengleichheit und Prüfungsgerechtigkeit gesteckten Grenzen werden nicht erst dann überschritten, wenn der Prüfungsstil ins schlechterdings Unsachliche abgleitet. Chancengleichheit und Prüfungsgerechtigkeit stellen strengere Anforderungen ...

Mit Recht gehen die Vorinstanzen davon aus, daß der Grundsatz der Chancengleichheit keine Handhabe dafür bietet, jedem Prüfling die Prüfungssituation zu verbürgen, die seinen persönlichen Verhältnissen am meisten entspricht. Eigenart und Persönlichkeit des Prüfers beeinflussen wesentlich den äußeren Ablauf und die Atmosphäre einer mündlichen Prüfung, die ihrerseits wiederum einen nicht näher bestimmbaren Einfluß auf die Prüfungsleistung nehmen. Vor- und Nachteile, die sich hieraus für den einzelnen Prüfling ergeben, sind unvermeidlich und weder meßbar noch rechtlich erheblich. ...

Ebensowenig wird der dem Prüfer offenliegende weite Spielraum zur Gestaltung des mündlichen Prüfungsverlaufs etwa dadurch beschränkt, daß er gehalten wäre, mit seiner Ansicht über die Leistungen des Prüflings hinter dem Berg zu halten, über Fehlleistungen zur Beruhigung des Prüflings einfach hinwegzugehen oder sie gar zu beschönigen und positive Leistungen besonders zu loben. Vertrauen und Offenheit als notwendige Grundlagen eines Prüfungsgesprächs sind im Gegenteil erst dann gewährleistet, wenn der Prüfer kritisch auf die gebotene Leistung eingehen und ein offenes Wort sprechen kann. Deshalb muß dem Prüfling auch eine schlechte Antwort deutlich als schlechte Antwort vorgehalten werden dürfen. Mit der Obliegenheit des Prüfers zu einem souverän und unbefangen geführten Prüfungsgespräch wäre es unvereinbar, wenn er dabei jede Äußerung auf eine Antwort des Prüflings bei Gefahr der Rechtswidrigkeit ‚auf die Goldwaage legen' müßte. ...

Ein Prüfer gerät jedoch in Widerspruch zu dem das Prüfungsrecht beherrschenden Grundsatz der Chancengleichheit (Art. 3 Abs. 1 GG), wenn er einen Prüfling dadurch benachteiligt, daß er ihn in seinem Recht auf eine faire Prüfung verletzt. Das Recht auf ein faires Prüfungsverfahren beruht auf *dem Rechtsstaatsprinzip*. Daß das Recht auf ein faires Verfahren zu den wesentlichen Grundsätzen eines rechtsstaatlich geprägten Verfahrens gehört, hat das Bundesverfassungsgericht zum gerichtlichen, insbesondere zum Strafverfahrensrecht ausgesprochen und wiederholt bestätigt; zuletzt Beschluß vom 19. Oktober 1977 — 2 BVR 462/77 — BVerfGE 46, 202 [210]. Die dem Prüfer aus der Natur der Sache und der für ihn maßgeblichen Prüfungsordnung zustehenden Rechte auf Verfahrensführung und Verfahrensgestaltung sowie auf Bestimmung des Verfahrensgegenstandes (Prüfungsstoff) und des Verfahrensergebnisses (Prüfungsbewertung) verschaffen ihm eine deutliche Position der Überlegenheit gegenüber dem Prüfling. Zur Abwehr von Mißbräuchen, die in diesem Übergewicht der Prüfungsgewalt ihren Ursprung haben, hat der Prüfling Anspruch auf eine faire Behandlung im Prüfungsverlauf. Der Prüfer, der Prüfungsleistungen sarkastisch, spöttisch, höhnisch oder in ähnlich herabsetzender Form kommentiert, verletzt das Gebot der Fairneß. Ein ihn der Lächerlichkeit preisgebendes Prüferverhalten braucht kein Prüfling zu dulden, mögen seine Leistungen noch so unzulänglich gewesen sein. Auch ‚bodenloser Unsinn‘ gibt dem Prüfer nicht das Recht, dem Prüfling mit überheblichem Spott zu begegnen. Ein solches Prüfergebaren verletzt das Recht des Prüflings auf ein faires Verfahren. ...

Aus den dem Berufungsurteil zugrunde liegenden Feststellungen ergeben sich Prüferäußerungen, die den Kläger in seinem Selbstwertgefühl erheblich treffen mußten. Mit dem Ansinnen: ‚Reden Sie nicht wie Ihr Landsmann Jürgen von Manger, ich habe nichts verstanden, reden Sie anständig mit mir‘ mußte sich der Kläger den Vergleich mit einem Kabarettisten gefallen lassen, dessen Darbietungen durch besonders umständliche und unbeholfene Ausdrucksweise gekennzeichnet sind. Diese und die weiteren auf Prüfungsleistungen bezogenen Zwischenbemerkungen des Zeugen ‚Blödsinn!‘ und ‚Sie können nicht einmal das Einmaleins, wie wollen Sie dann Physiologie verstehen!‘, zeichnen einen von grober Unsachlichkeit geprägten Prüfungsstil, der selbst unter Berücksichtigung einer völlig unzureichenden Prüfungsleistung des Klägers über das hinausgeht, was ein Prüfling als Reaktion des Prüfers auf seine Fehlleistungen ertragen muß. ...

Ein derart unfaires Verfahren, das den gesamten Verlauf der Prüfung erfaßt, mit der typischen Folge leistungsverfälschender psychischer Belastungen für den Prüfling, beeinträchtigt das Recht auf gleiche Prüfungschancen aus Art. 3 Abs. 1 GG. Das führt zur Rechtswidrigkeit der getroffenen Prüfungsentscheidung.“

IV.

Die Frage, wann die Aufnahme in den Vorbereitungsdienst versagt werden kann, ist bisher nur unter *einem* bestimmten Aspekt vom Bundesverfassungsgericht behandelt worden.

1. Der vielzitierte, vielgelobte, vielgetadelte und vielfach ausgelegte Beschluß des Zweiten Senats des *Bundesverfassungsgerichts* vom 22. Mai 1975 hat die Aufnahme in den juristischen Vorbereitungsdienst in den breiten Rahmen der besonderen politischen Treuepflicht des Beamten gegenüber dem Staat und seiner Verfassung gestellt. Ich darf hier die — im parteipolitischen Alltagsstreit etwas in Vergessenheit geratenen — Leitsätze dieser Entscheidung wiederholen, soweit sie zur Aufnahme in den juristischen Vorbereitungsdienst Bezug haben:

„1. Es ist ein hergebrachter und zu beachtender Grundsatz des Berufsbeamtentums (Art. 33 Abs. 5 GG), daß den Beamten eine besondere politische Treuepflicht gegenüber dem Staat und seiner Verfassung obliegt.

2. Die Treuepflicht gebietet, den Staat und seine geltende Verfassungsordnung, auch soweit sie im Wege einer Verfassungsänderung veränderbar ist, zu bejahen und dies nicht bloß verbal, sondern insbesondere in der beruflichen Tätigkeit dadurch, daß der Beamte die bestehenden verfassungsrechtlichen und gesetzlichen Vorschriften beachtet und erfüllt und sein Amt aus dem Geist dieser Vorschriften heraus führt. Die politische Treuepflicht fordert mehr als nur eine formal korrekte, im übrigen uninteressierte, kühle,

innerlich distanzierte Haltung gegenüber Staat und Verfassung; sie fordert vom Beamten insbesondere, daß er sich eindeutig von Gruppen und Bestrebungen distanziert, die diesen Staat, seine verfassungsmäßigen Organe und die geltende Verfassungsordnung angreifen, bekämpfen und diffamieren. Vom Beamten wird erwartet, daß er diesen Staat und seine Verfassung als einen hohen positiven Wert erkennt und anerkennt, für den einzutreten sich lohnt. Politische Treuepflicht bewährt sich in Krisenzeiten und in ernsthaften Konfliktsituationen, in denen der Staat darauf angewiesen ist, daß der Beamte Partei für ihn ergreift.

3. Bei Beamten auf Widerruf rechtfertigt die Verletzung der Treuepflicht regelmäßig die Entlassung aus dem Amt.

4. Es ist eine von der Verfassung (Art. 33 Abs. 5 GG) geforderte und durch das einfache Gesetz konkretisierte rechtliche Voraussetzung für den Eintritt in das Beamtenverhältnis, daß der Bewerber die Gewähr bietet, jederzeit für die freiheitliche demokratische Grundordnung einzutreten.

5. Der Überzeugung, daß der Bewerber die geforderte Gewähr nicht bietet, liegt ein Urteil über die Persönlichkeit des Bewerbers zugrunde, das zugleich eine Prognose enthält und sich jeweils auf eine von Fall zu Fall wechselnde Vielzahl von Elementen und deren Bewertung gründet.

6. Die sich aus Art. 33 Abs. 5 GG ergebende Rechtslage gilt für jedes Beamtenverhältnis, ... für das Beamtenverhältnis auf Widerruf ebenso wie für das Beamtenverhältnis auf Lebenszeit.

7. Wenn auch an die Angestellten im öffentlichen Dienst weniger hohe Anforderungen als an die Beamten zu stellen sind, schulden sie gleichwohl dem Dienstherrn Loyalität und die gewissenhafte Erfüllung ihrer dienstlichen Obliegenheiten; auch sie dürfen nicht den Staat, in dessen Dienst sie stehen, und seine Verfassungsordnung angreifen; auch sie können wegen grober Verletzung dieser Dienstpflichten fristlos entlassen werden; und auch ihre Einstellung kann abgelehnt werden, wenn damit zu rechnen ist, daß sie ihre mit der Einstellung verbundenen Pflichten nicht werden erfüllen können oder wollen.

8. Ein Teil des Verhaltens, das für die Beurteilung der Persönlichkeit eines Beamtenanwärters erheblich sein kann, kann auch der Beitritt oder die Zugehörigkeit zu einer politischen Partei sein, die verfassungsfeindliche Ziele verfolgt — unabhängig davon, ob ihre Verfassungswidrigkeit durch Urteil des Bundesverfassungsgerichts festgestellt ist oder nicht.

9. ...

10. Es steht nicht in Widerspruch zu Art. 12 GG, wenn der hergebrachte Grundsatz des Berufsbeamtentums im Beamtenrecht verwirklicht wird, vom Bewerber für ein Amt zu verlangen, daß er die Gewähr bietet, jederzeit für die freiheitliche demokratische Grundordnung einzutreten.

11. Dem Staat steht frei, einen Vorbereitungsdienst, dessen erfolgreiche Absolvierung Voraussetzung sowohl für den Staatsdienst im Beamtenverhältnis als auch für einen freien Beruf ist, allgemein so zu organisieren, daß er in einem zivilrechtlichen Anstellungsverhältnis oder in einem besonders öffentlichrechtlichen Verhältnis außerhalb des Beamtenverhältnisses abzuleisten ist. Entscheidet er sich für einen Vorbereitungsdienst, der im Beamtenverhältnis zurückzulegen ist, so muß er für diejenigen, für die ein Beruf außerhalb des Staatsdienstes in Betracht kommt, entweder einen gleichwertigen, nicht diskriminierenden Vorbereitungsdienst anbieten, der

ohne Berufung ins Beamtenverhältnis geleistet werden kann, oder innerhalb seiner beamtenrechtlichen Regelung eine Ausnahmevorschrift vorsehen, die es gestattet, den Vorbereitungsdienst auf Wunsch außerhalb eines Beamtenverhältnisses abzuleisten. Im Hinblick darauf, daß in zunehmendem Maße neben die zweistufige juristische Ausbildung eine einstufige Ausbildung tritt, mag es zur rechtlichen Vereinheitlichung des juristischen Vorbereitungsdienstes naheliegen, künftig für alle Juristen die praktische Ausbildung vor der zweiten juristischen Staatsprüfung innerhalb eines öffentlichrechtlichen Rechtspraktikanten-Verhältnisses vorzusehen, das kein Beamtenverhältnis ist.

Zu dem Streit, der sich um die Auslegung einzelner Abschnitte oder gar Sätze dieser Entscheidung entwickelt hat, möchte ich nicht Stellung nehmen. Vielmehr erscheint es mir wichtiger, für die Praktiker unter Ihnen auf eine weitere Entscheidung zu diesem Komplex hinzuweisen.

2. a) Dem Beschwerdeführer war nach erfolgreicher Ablegung der ersten juristischen Staatsprüfung u. a. in Hamburg die Einstellung in den juristischen Vorbereitungsdienst abgelehnt worden. Das Verwaltungsgericht Hamburg verpflichtete Hamburg durch einstweilige Anordnung nach § 123 VwGO, den Beschwerdeführer bis zur Hauptsacheentscheidung vorläufig in den Vorbereitungsdienst außerhalb des Beamtenverhälntisses aufzunehmen; § 28 JAO schließe auch Verfassungsfeinde nicht vom Vorbereitungsdienst aus. In der Berufungsinstanz setzte das Oberverwaltungsgericht das Verfahren aus und legte gemäß Art. 100 Abs. 1 GG dem Bundesverfassungsgericht vor. Es vertrat die Auffassung, § 28 JAO sei verfassungswidrig, soweit er auch Verfassungsfeinde nicht vom Vorbereitungsdienst ausschließe.

Mit Beschluß vom 5. Oktober 1977 hat das *Bundesverfassungsgericht* festgestellt, daß § 28 JAO in der sich aus den Gründen ergebenden Auslegung mit dem Grundgesetz vereinbar ist, soweit Bewerber betroffen werden, die ohne Berufung in das Beamtenverhältnis auf Widerruf in die praktische Ausbildung aufgenommen werden (BVerfGE 46, 43).

b) Da die Entscheidung inhaltlich nur bei Kenntnis der Gründe richtig zu erfassen ist, möchte ich die maßgeblichen Abschnitte zitieren:

„Es bedarf in diesem Verfahren nicht des Eingehens und der Bezugnahme auf die Entscheidung des Bundesverfassungsgerichts vom 22. Mai 1975 (BVerfGE 39, 334). Es genügt die Feststellung, daß auch eine Beschäftigung im öffentlichen Dienst außerhalb des Beamtenverhältnisses, einschließlich einer vorübergehenden Beschäftigung im öffentlichen Dienst zum Zwecke der Berufsausbildung, nicht völlig unbeschränkt jedermann zugänglich ist. Ohne daß die Grenze in diesem Verfahren abschließend zu ziehen ist, verbietet es sich jedenfalls, Bewerber, die darauf ausgehen, die freiheitliche demokratische Grundordnung zu beeinträchtigen oder zu beseitigen, in die praktische Ausbildung zu übernehmen. Die in diesen Konstitutionsprinzipien unserer Verfassung enthaltenen Wertentscheidungen schließen es aus, daß der Staat seine Hand dazu leiht, diejenigen auszubilden, die auf die Zerstörung der Verfassungsordnung ausgehen. Dies erleidet auch keine Einschränkung durch das Grundrecht des Art. 12 GG. Vielmehr ist dieses individuelle Grundrecht eingebettet in die geltende Verfassungsordnung; es wird seinerseits begrenzt durch die Konstitutionsprinzipien des Grundgesetzes.

Der dargelegten verfassungsrechtlichen Lage kann bei der Anwendung des § 28 JAO Rechnung getragen werden:

Zwar hat der hamburgische Gesetzgeber auf die besonderen Anforderungen des Beamtenrechts in der praktischen Ausbildung in dem durch Absatz 5 Satz 1 geregelten Rechtsverhältnis verzichtet und die Zulassungsbeschränkungen begrenzt, um den juristischen Vorbereitungsdienst möglichst allen geprüften Rechtskandidaten zu eröffnen. Die Einstellung von Bewerbern, die sich verfassungsfeindlich betätigen, ist zwar nicht ausdrücklich untersagt. Wortlaut und Sinn der Vorschrift lassen jedoch eine Auslegung zu, nach der der Präsident des Hanseatischen Oberlandesgerichts bei seiner Entscheidung über den Antrag auf Aufnahme in die praktische Ausbildung (§ 28 Abs. 6 JAO) den verfassungsrechtlichen Mindestanforderungen zum Schutz der freiheitlichen demokratischen Grundordnung in der im Einzelfall erforderlichen Weise Rechnung tragen kann.

§ 1 Abs. 2 JAO stellt die Juristenausbildung unter das Leitbild des den Grundsätzen des demokratischen und sozialen Rechtsstaats verpflichteten Juristen. Das Leitbild der hamburgischen Juristenausbildung gilt sowohl für die einstufige als auch für die zweistufige Ausbildung. Er beansprucht Allgemeingültigkeit für die Vorbereitung auf alle juristischen Berufe und kennzeichnet das Ziel einer modernen Juristenausbildung unabhängig davon, welche Tätigkeit der vollausgebildete Jurist später ausübt und welche Schranken dafür gelten. Wer dieses Leitbild für sich oder für andere nicht gelten läßt, sondern es in seinen auf die Grundsätze des demokratischen Rechtsstaats bezogenen Teilen bekämpft, die als oberste Grundwerte des freiheitlichen demokratischen Verfassungsstaates unabdingbare Bestandteile der Verfassungsordnung der Bundesrepublik Deutschland sind, wird den Anforderungen der hamburgischen Juristenausbildungsordnung nicht gerecht. Art. 12 GG läßt die Befugnis des Gesetzgebers unberührt, die juristische Ausbildung an einem Leitbild auszurichten, das den Juristen innerhalb und außerhalb des Staatsdienstes bei aller Anerkennung verschiedener politischer Ziele den Grundwerten der Verfassung verpflichtet.

Dieses Leitbild beschränkt seiner Natur entsprechend weder den Zugang zur Juristenausbildung noch zu einem juristischen Beruf. Es bewirkt, daß die Bestimmungen der hamburgischen Juristenausbildungsordnung aus seinem Geist heraus auszulegen und anzuwenden sind. Das gilt auch für die vorgelegte Vorschrift. Wortlaut und Entstehungsgeschichte des § 28 JAO lassen nicht den Schluß zu, daß der Landesgesetzgeber für die Aufnahme von Referendaren in die praktische Ausbildung, die nicht in das Beamtenverhältnis auf Widerruf berufen werden, von seiner Zielsetzung, der er zentrale Bedeutung beimißt, abgegangen ist. Unter diesen Umständen hindert das Gesetz die Einstellungsbehörde nicht daran, von der Aufnahme derjenigen Bewerber abzusehen, die die freiheitliche demokratische Grundordnung bekämpfen, selbst wenn die Ablehnung des Antrags nicht auf § 28 Abs. 3 Nr. 1 JAO gestützt werden kann.

Für die Auslegung der zur verfassungsrechtlichen Prüfung gestellten Vorschriften ist außerdem von entscheidender Bedeutung, daß sie in einem

Gesetz stehen, das seinerseits eine sehr spezielle Materie innerhalb des öffentlichen Dienstrechts regelt. Ein Gesetz dieser Art kann sich darauf beschränken, die Besonderheiten der Materie, also des Vorbereitungsdienstes, zu regeln. Dann steht es unausgesprochen innerhalb des umfassenden Normenkomplexes des öffentlichen Dienstrechts und kann insbesondere nur gelesen und verstanden werden im Kontext mit dem übergeordneten Verfassungsrecht. Daraus folgt: Die Vorschrift des § 28 JAO gebietet nicht, auch den, der die freiheitliche demokratische Grundordnung bekämpft, in den Vorbereitungsdienst außerhalb des Beamtenverhältnisses aufzunehmen, sondern sieht davon ab, diesen besonderen Fall zu regeln, weil er durch zwingendes Verfassungsrecht bereits geregelt ist. § 28 JAO widerspricht also nicht dem Verfassungsrecht, sondern wird durch dieses Verfassungsrecht ergänzt.

In dieser Auslegung ist § 28 Abs. 1 1. Hälfte und Abs. 5 Satz 1 und 2 JAO mit der Verfassung vereinbar."

3. Für das Verfahrensrecht interessant ist ein Dreier-Beschluß vom 24. Mai 1978.

Dem Beschwerdeführer war wegen einer Freiheitsstrafe von 1 Jahr die Aufnahme in den Vorbereitungsdienst versagt worden. Das Verwaltungsgericht verpflichtete den Freistaat Bayern, den Beschwerdeführer vorläufig in einen Vorbereitungsdienst außerhalb des Beamtenverhältnisses aufzunehmen. Der Verwaltungsgerichtshof hob das Urteil des Verwaltungsgerichts auf und lehnte den Antrag des Beschwerdeführers ab, da er kein Recht auf Aufnahme in den Vorbereitungsdienst habe.

Im Hauptverfahren gab das Verwaltungsgericht dem Beschwerdeführer recht, da § 34 Abs. 3 Nr. 1 JAPO nicht mit Art. 12 GG vereinbar sei. Der Verwaltungsgerichtshof hob das Urteil auf und wies die Klage wegen § 34 Abs. 4 Nr. 1 JAPO ab.

Die Verfassungsbeschwerde gegen die Entscheidung des Verwaltungsgerichtshofs im Verfahren nach § 123 VwGO wurde durch Dreier-Beschluß vom 24. Mai 1978 als unzulässig nicht angenommen. In den Gründen heißt es u. a.:

„Eine Entscheidung über die Verfassungsbeschwerde würde hier die bei Normen im Rang unter dem förmlichen Gesetz dem Fachrichter vorbehaltene verfassungsrechtliche Nachprüfung vorwegnehmen. Der Grundsatz der Subsidiarität der Verfassungsbeschwerde verlangt daher, daß der Beschwerdeführer die Rüge, das Urteil des Bayerischen Verwaltungsgerichtshofs im Verfahren nach § 123 VwGO verletze Art. 12 Abs. 1 GG, erst mit der evtl. verfassungsrechtlichen Beanstandung der Endentscheidung geltend macht. Hierfür sprechen auch prozeßökonomische Gesichtspunkte. Über die Klage des Beschwerdeführers ist in der Berufungsinstanz bereits entschieden, die Nichtzulassungsbeschwerde ist erhoben. Dem Beschwerdeführer entsteht kein schwerwiegender Nachteil, wenn er bei solcher Sach- und Rechtslage zunächst auf die Erschöpfung des Rechtswegs im verwaltungsgerichtlichen Hauptverfahren verwiesen wird."

V.

Zum Abschluß möchte ich noch einen Fall behandeln, der sich mit der Beendigung des Vorbereitungsdienstes befaßt. Der Beschwerdeführer war ab 1963 als Rechtsreferendar in Bayern Beamter auf Widerruf. Die zweite juristische Staatsprüfung 1967 I hat er nicht bestanden. Mit Bescheid vom 4. September 1967 wurde ihm mitgeteilt, daß er somit kraft Gesetzes aus dem Beamtenverhältnis auf Widerruf und dem Vorbereitungsdienst ausscheide. Art. 43 Abs. 2 BayBG bestimmt, daß das Beamtenverhältnis des Beamten auf Widerrruf im Vorbereitungsdienst mit der Ablegung der Prüfung endet.

Nach der Bayerischen Laufbahnverordnung und nach § 58 Satz 1 JAPO ist die Prüfung mit der schriftlichen Mitteilung über das Nichtbestehen abgelegt und scheidet der Referendar gleichzeitig aus dem Vorbereitungsdienst aus.

Der Prüfungsbescheid vom 4. September 1967 wurde durch Urteil des *Bundesverwaltungsgerichts* vom 18. September 1970 aufgehoben. Der Antrag des Beschwerdeführers auf *Fortsetzung* des am 6. September 1967 abgebrochenen Vorbereitungsdienstes wurde vom Oberlandesgericht abgelehnt. Nachdem der Beschwerdeführer vom 21. Dezember 1970 bis 12. Juli 1971 erneut Vorbereitungsdienst abgeleistet hatte, bestand er am 12. Juli 1971 die mündliche Prüfung. Seine Klage auf Feststellung, daß er sich auch vom 6. September 1967 bis zum 12. Juli 1971 ununterbrochen im Vorbereitungsdienst befunden habe, wurde vom Verwaltungsgerichtshof abgewiesen, die Revision zum Bundesverwaltungsgericht blieb erfolglos. Nach dem BayBG ende das Beamtenverhältnis mit dem tatsächlichen Vorgang der Prüfungsablegung; die Beendigung sei unabhängig von der Rechtmäßigkeit oder Rechtswidrigkeit des Verwaltungsaktes.

Mit der Verfassungsbeschwerde rügte der Beschwerdeführer die Verletzung von Art. 3 Abs. 1 GG; die Auslegung von Art. 43 Abs. 2 Satz 2 BayBG sei willkürlich.

Durch Beschluß des Dreier-Ausschusses vom 8. August 1974 wurde die Verfassungsbeschwerde mangels Erfolgsaussicht nicht zur Entscheidung angenommen. In den Gründen wird dazu u. a. ausgeführt:

„Gerichtliche Entscheidungen können durch das Bundesverfassungsgericht nur auf die Verletzung spezifischen Verfassungsrechts hin überprüft werden. Letzteres wäre nur dann anzunehmen, wenn die gerügte Grundrechtsverletzung in der Anwendung grundrechtswidriger Normen oder in der grundrechtswidrigen Anwendung verfassungsgemäßer Vorschriften liegt und die Entscheidungen darauf beruhen. Das ist hier nicht der Fall.

Weder Art. 33 Abs. 5 GG noch Art. 3 Abs. 1 GG verlangen, die Beendigung des Beamtenverhältnisses auf Widerruf des Referendars im juristischen

Vorbereitungsdienst von der Prüfungsentscheidung und deren weiterem rechtlichen Schicksal abhängig zu machen. Einen hergebrachten Grundsatz des Berufsbeamtentums dieses Inhalts gibt es nicht. Daneben beruht die Auslegung von Art. 43 Abs. 2 Satz 2 Bayerisches Beamtengesetz in den angefochtenen Urteilen weder auf sachfremden Erwägungen noch führt sie zu unvertretbaren Ergebnissen. Endet das Beamtenverhältnis der im unmittelbaren Anschluß an den Vorbereitungsdienst ohne Mängel geprüften Referendare aus praktischen und sozialen Gründen erst mit Abschluß des Examens, so handelt es sich um eine andere Sachlage als bei einer zunächst negativen, aber fehlerhaften Prüfungsentscheidung, die den Abschluß des Prüfungsverfahrens von weiteren Maßnahmen des Referendars oder des Landesjustizprüfungsamtes sowie von einer späteren Nachholung der erfolgreich beanstandeten Prüfungsteile abhängig macht. Gegenüber den von dem Beschwerdeführer angeführten Vergleichsfällen, die sämtlich von einem schuldhaften Verhalten des Landesjustizprüfungsamtes ausgehen, haben sowohl der Bayerische Verwaltungsgerichtshof als auch das Bundesverwaltungsgericht auf den verwaltungsrechtlichen Folgenbeseitigungsanspruch hingewiesen.

Rechtsstaatliche Bedenken bestehen nicht. Im Rahmen der Rechtsweggarantie des Art. 19 Abs. 4 GG steht in Fällen der vorliegenden Art gegenüber der Prüfungsentscheidung die verwaltungsgerichtliche Anfechtungsklage und gegenüber der Beendigung des Beamtenverhältnisses die verwaltungsgerichtliche Feststellungsklage zur Verfügung."

B.

Zusammenfassend darf ich aus den erörterten Entscheidungen einige Folgerungen ziehen. Dabei ist allerdings zu beachten, daß die Entscheidungen der Dreier-Ausschüsse materiell keine Bindung enthalten. Die beiden Senate sind völlig frei, in künftigen Fällen eine abweichende Meinung zu vertreten.

1. Der Gesetzgeber ist nicht gehindert, die Befugnis zur Regelung des Ausbildungs- und Prüfungswesens weitgehend auf die Exekutive zu übertragen. Die Verfassungsmäßigkeit der meist durch Verordnungen geregelten Ausbildungs- und Prüfungsvorschriften ist vom Bundesverfassungsgericht bisher entweder ausdrücklich bestätigt oder doch stillschweigend zugrunde gelegt worden.

2. Dem gesetzgeberischen Gestaltungsraum sind wegen der Bedeutung der zweiten juristischen Staatsprüfung für das Berufsleben durch Art. 3 Abs. 1 und Art. 12 Abs. 1 GG im Hinblick auf die Gleichbehandlung der Prüflinge enge Grenzen gezogen.

3. Regelungen, die bei nicht ausreichenden schriftlichen Ergebnissen einen Ausschluß von der mündlichen Prüfung vorsehen, sind verfassungsmäßig.

In den Entscheidungen zu 2. und 3. ist m. E. eine verfassungsrechtliche Bestätigung des Wettbewerbs- und Leistungsprinzips zu sehen. Gerade die Bedeutung der Prüfungsergebnisse für Eintritt und Erfolg im Berufsleben legt die Klarstellung der unterschiedlichen Prüfungsergebnisse nahe.

4. a) Die besondere politische Treuepflicht des Berufsbeamten gegenüber dem Staat und seiner Verfassung gilt auch für die Beamten auf Widerruf.

b) Für Bewerber um den juristischen Vorbereitungsdienst, denen die für ein Beamtenverhältnis auf Widerruf erforderliche Gewähr der Verfassungstreue fehlt, muß im Hinblick auf Art. 12 GG ein gleichwertiger nicht diskriminierender Vorbereitungsdienst angeboten werden.

c) Die Einstellungsbehörden sind jedoch nicht gehindert, von der Aufnahme derjenigen Bewerber in *jede* Art von juristischem Vorbereitungsdienst abzusehen, die die freiheitliche demokratische Grundordnung bekämpfen.